社会保障与劳动力市场参与

吴伟东 吴杏思 陈淑敏 梁秋娴 著

U0362163

南開大學出版社
天 津

图书在版编目(CIP)数据

社会保障与劳动力市场参与 / 吴伟东等著. —天津 ：南开大学出版社，2021.7

ISBN 978-7-310-06125-9

Ⅰ. ①社… Ⅱ. ①吴… Ⅲ. ①社会保障制度－关系－劳动力市场－研究－中国 Ⅳ. ①D632.1②F249.212

中国版本图书馆 CIP 数据核字(2021)第 157439 号

版权所有 侵权必究

社会保障与劳动力市场参与
SHEHUI BAOZHANG YU LAODONGLI SHICHANG CANYU

南开大学出版社出版发行
出版人：陈 敬
地址：天津市南开区卫津路 94 号 邮政编码：300071
营销部电话：(022)23508339 营销部传真：(022)23508542
https：//nkup.nankai.edu.cn

天津泰宇印务有限公司印刷 全国各地新华书店经销
2021 年 7 月第 1 版 2021 年 7 月第 1 次印刷
210×148 毫米 16 开本 5.125 印张 127 千字
定价：30.00 元

如遇图书印装质量问题，请与本社营销部联系调换，电话：(022)23508339

目　录

第一章　导论 ………………………………………………………… 1
第一节　研究的背景与意义 ……………………………………… 1
第二节　研究回顾 ………………………………………………… 5
第三节　本书的贡献与主要内容 ………………………………… 21

第二章　灵活就业人员的医疗保障议题 ………………………… 26
第一节　灵活就业人员社会医疗保险的制度沿革 ……………… 28
第二节　调查数据基本情况 ……………………………………… 36
第三节　调查数据分析 …………………………………………… 40
第四节　个案访谈分析 …………………………………………… 57

第三章　养老金与农村老年人的劳动参与 ……………………… 65
第一节　农村老年人劳动参与与新农保发展现状 ……………… 67
第二节　养老金与劳动力参与 …………………………………… 75
第三节　数据分析结果 …………………………………………… 80
第四节　作用机理分析 …………………………………………… 106

第四章　社会救助与贫困农户的行为 …………………………… 113
第一节　贫困文化与福利依赖 …………………………………… 113
第二节　贫困农户的行为反应 …………………………………… 118
第三节　贫困农户行为分析 ……………………………………… 121

第五章 平衡社会保障与劳动力市场参与 ······ 130
第一节 提升灵活就业人员的医疗保障参与 ······ 130
第二节 完善新型农村社会养老保险制度 ······ 135
第三节 促进农村贫困农户的就业行为 ······ 140

参考文献 ······ 145

第一章　导论

第一节　研究的背景与意义

一、研究背景

社会保障与劳动力市场参与，是社会保障研究中的一项重要议题。现阶段，人口老龄化和社会保障制度给劳动力市场带来了冲击，其中的一些具体表现包括企业社保缴费降低了企业的劳动力需求，进而减少了劳动者参与劳动力市场的机会，以及退休年龄制度减少了老年劳动参与，而延迟退休又有可能减少隔代照料供给，不利于年轻一代劳动供给（封进，2019）。养老保险在为老年人提供基本生活保障的同时，也可能会产生一些消极影响，其中最重要的一个方面便是社会养老保险可能激励劳动者提前退出劳动力市场，在人口老龄化背景下将降低整个社会的劳动力供给，进而影响经济的健康平稳发展（李江一，2018）。从这些方面来看，社会保障与劳动力市场参与的关系，亟须得到更多的关注和研究。

在这项议题中，灵活就业作为一种新型的就业形式，受社会保障缴费的影响较大。部分从业人员，可能会因为企业基于社会保障缴费的考虑而失去就业机会，或者获得了就业机会，但无法得到社会保障覆盖的问题。灵活就业人员的社会保障议题，伴随就业形态的多样化发展而逐渐显著。20 世纪 70 年代末 80 年代初，在经常性经济危机的背景下，灵活就业不仅不断增长，而且通过改变自身特点来缓解社会就业压力，进而成为各国经济和劳动力的重要组成部分。根据2014年国际劳工局的报告显示，灵活就业人员在各发展中国家中占总就业人口的20%—55%之间不等（国际劳工组织，2015）。同其他国家一样，我国通过改革开放的不断深入，灵活就业作为一个吸收劳动力的“蓄水池”解决了农村富余劳动力和成千上万大学生的就业问题。同时，灵活就业也解决了大量因生产结构转变而失业或提前退休人员的就业问题。但在社会发展的过程中，出现了劳动力地位不断提升且规模不断扩大的灵活就业人员不能完全享受社会发展成果的问题。据赵培培（2011）的估算，我国灵活就业人员参加社会保险的人数仅占全部灵活就业人员的10%左右。灵活就业人员社会保险体系的建立可以大大提高他们抵抗各类风险的能力，进而降低他们的预防性储蓄，促进消费，这对于我们改变当前储蓄过度而造成的国内需求不足具有积极的意义。因此，如何通过政策设计、政策宣传等途径来弥补灵活就业人员社会保险的缺失，同时避免因为社会保障的参与而减少他们的就业机会，妥善解决灵活就业人员社会保险问题成为我国提高社会保险覆盖率的一项新挑战。

同时，社会保障与老龄人口的劳动力市场参与问题，随着老龄人口基数的增加而显著化。解决人口老龄化问题，已经成了我国的一项重要任务。根据国家统计局数据，2015年我国65岁及以上人口达1.438亿人，约占总人口10.5%。联合国通常把60岁以上的人口占总人口比例达到10%，或65岁以上人口占总人口的比重达到7%，作为国家或地区进入老龄化社会的标准。由此可见我国老龄化问题较为严峻。我国长期以来形成城乡二元社会结构，农村老龄化的程度比城市更加严重。根据2010年第六次人口普查数据，农村60岁及以上老年人占总人口比例14.98%，比城市高出3.5%，比镇高出3.01%。再加上城镇化快速发展，农村年轻人外出打工，打破了农村传统的家庭养老模式。虽然外出子女希望通过外出打工的方式，能够增加家庭收入、提高对农村老年父母的经济支持能力，但其经济供养水平普遍非常低，留守老人的生活条件并没有得到显著改善（叶敬忠，2009）。农村老年人由原来依靠子女经济支持、自己的劳动收入进行养老，转变为主要依靠从事农业劳动或者非农业劳动进行自养，老年人的劳动负担加重。由此，通过社会力量，改善农村老年人养老水平，减轻老年人的劳动负担尤为重要。如何在农村地区提供足够的养老保障支持，从而使农村老龄人口能够安心地退出劳动力市场，是我国农村地区社会保障制度发展的挑战之一。

农村地区是我国社会保障制度发展较为滞后的地区。这一状况也反映在农村贫困人口的社会救助问题上。农村的贫困问题，一直是我国国家建设工作所面临的一大难题。国家统计局发布数据，截止到 2017 年末，全国农村贫困人口 3046 万人，同比上年末减少 1289 万人，贫困率比上年末下降 1.4 个百分比至 3.1%。近年来，为解决大量的农村贫困人口并达成国家的减贫任务，国务院于 2011 年底颁布《中国农村扶贫开发纲要（2011—2020 年）》作为新时期我国扶贫开发工作的纲领性文件，提出到 2020 年，稳定实现扶贫对象不愁吃、不愁穿，保障其义务教育、基本医疗和住房，贫困地区农民人均纯收入增长幅度高于全国平均水平，基本公共服务主要领域指标接近全国平均水平，扭转发展差距扩大趋势总体目标。在此政策的号召下，我国新一轮扶贫开发攻坚工作在全国各地展开。同时，2013 年首次提出“精准扶贫”理念以后，这一词在短时间内被反复提出，并且逐渐上升为国家政策，“精确识别、精确帮扶、精确管理”的治贫方式成为国家综合扶贫政策的最新表述、最新思路和最新目标。政府力推“精准扶贫”政策开展农村扶贫工作，并相应推出多种专项扶贫模式，如产业扶贫、金融扶贫、光伏扶贫以及教育扶贫等。各项农村扶贫工作在得到社会各界认可的同时，也在实践过程中暴露出种种问题，譬如扶贫对象的心理依赖问题（吕学芳，2001）、扶贫群众被边缘化问题（马忠才、郝苏，2012）、扶贫开发工作缺乏内生动力问题（缑文学，2013）、扶贫教育同当地既有民族文化的冲突问题（李锋，2017）、脱贫工作推进障碍问题（郭文泽，2016）等，迫切需要在明确现阶段问题的基础上，进一步探索解决方法以推进扶贫工作的开展。当中，尤其是社会救助中所遭遇的贫困人口福利依赖以及由此产生的劳动力市场参与不足的问题，亟须尽快破解。

可以发现，灵活就业人员、农村老年人和贫困农户，是我国社会保障制度继续发展中需要重点关注的一些特殊人群，对于平衡社会保障与劳动力市场参与具有相当突出的意义。面向这些群体的社会保障制度安排，亟须得到更多的研究和完善。

二、研究意义

在社会保障制度发展的过程中，社会保障与劳动力市场参与的议题是社会保障事业发展的重要挑战。本书的研究，将有助于进一步理清社会保障与劳动力市场参与的关联，增强社会保障制度设置的针对性和合理性，提升社会保障制度与劳动力市场参与机制的平衡。具体到特定的制度设置及其覆盖人群，本书的研究意义主要如下：

第一，提升灵活就业人员的医疗保障水平。灵活就业人员一直是社会正规就业人员以外的社会边缘群体，由于受到我国城乡二元制的影响或者是其他因素的影响，这一群体逐渐被排斥在相关的社会福利体系之外。为了找到提高社会医疗保险覆盖率的制度性措施，本书主要是针对灵活就业人员这一人群进行研究，找到影响他们参加社会医疗保险的因素并得出提高参保率的制度性建议。以分析数据得出影响灵活就业人员参加社会医疗保险的因素为基础，本书从广州市灵活就业人员现行的社会医疗保险制度出发，提出了完善制度要坚持适应性、公平性和灵活性的原则，总结出要以打破参保捆绑性制度、强制性与自愿性参保相结合设置鼓励性参保制度为突破口，不断加强制度宣传以改变灵活就业人员参保观念和加强监督参保中介公司等措施优化制度运行的环境来提高社会医疗保险的覆盖率。

第二，促进农村养老保障制度的发展，使农村退休老人获得社会保障制度的充分支持，体现社会保障制度的保障功能。2014年开始，新农保和城居保进行合并，但我国农村老年人这个群体的特殊性不可忽略，本书通过科学的统计分析，能够从一定程度上，揭示农村老年人的社会养老保障与劳动参与情况。此外，通过分析养老金收入与劳动时间的关系，为国家完善农村养老保险政策、划定基础养老金水平提供有价值的参考。从长远来看，在中国二元化社会的背景下，农村的年轻人外出务工，人口外流严重，家庭养老功能逐渐弱化，农村老年人劳动参与率居高不下。本书的研究将能够为减轻农村老年人劳动负担提供一些新的研究思路，从而进一步让农村老年人享受社会发展成果，安享晚年。

第三，完善农村贫困人口的社会救助制度，促进贫困人口的劳动力市场参与。本书通过实地观察和访谈等方法获取村民态度及行为的资料，并对资料进行分析，探讨贫困农户对待社会救助福利的态度和行为的因素，进而为农村地区的社会救助制度发展提供必要的参考信息，促进扶贫工作在我国贫困农村地区的开展，协助贫困人口尽快回归劳动力市场，依靠自身的努力和劳动付出，自主地独立生活，摆脱福利依赖陷阱。

第二节　研究回顾

根据国际劳工组织的理念，社会保障的宗旨是当社会成员遇到对其生活和健康产生意外影响的事故时，能够得到维持其基本生活所必需的保障（封进，2019）。医疗保障、养老保障和社会救助，都是现代社会保障制度的重要组成项目，相关的研究成果都非常丰富。

一、国际学术界的研究现状

本研究主要针对三项具体议题而展开。在这三项议题中，国外的研究成果如下：

1. 灵活就业人员的医疗保障问题

从世界范围来看，非正规就业人员较多地被排除在国家税收体系之外，同时由于某些因素的影响也被排除在最基本的“健康权”之外。被排除在社会医疗保险体系之外并非因为他们对此没有任何需求。戴维和露西（David & Lucy，2014）基于非正规就业人员就业灵活性和经济相对贫困的特点，通过定性研究的方式总结出非正规就业人员参加医疗保险的需求假设。其中，最重要的假设是期望效用和效用的最大化。如果非正规就业人员是在一个可观测的确定环境中参加社会医疗保险，即非正规就业人员能拥有的政策知识和相关信息，那这一参保行为可作为他们个人预期的收益回报。同时，非正规就业人员希望这一预期的收益回报能得到较大的效用。相对于部分发达国家来说，发达国家的社会保障已经发展到了全民保障和全面保障的程度（孙英，2003），所以发达国家的非正规就业人员并不存在着参保障碍。但对于发展中国家来说，由于较多是向非正规就业人员提供自愿参加医疗保险的制度模式，所以为了提高非正规就业人员的参保率，应该先正确理解影响非正规就业人员参加医疗保险的因素。通过梳理国外的文献，国外对非正规就业人员参保影响因素的实证研究主要集中在以下几个方面：

从参保行为影响因素的选择上看，国外的实证研究中有对某一因素的专门分析，同时也有各种不同因素的分析。贾汗吉尔和萨耶姆（Jahangir & Sayem，2010）认可了研究对社会保险认知这一因素的影响程度，选择了从未参加社会保险和没有任何社会保险知识的非正规就业人员分别组建对照组和实验组。每周对实验组进行 3—4 小时的 社会保险相关知识介绍后，通过控制对照组和实验组的相关变量进行多元回归分析后，发现有社会保险知识的非正规就业人员比没任何保险知识的非正规就业人员参加社会医疗保险的意愿高 33.8%。艾萨克等（Kwado，Isasc & Anum，1997）则从人口属性和社会经济特征的角度去研究加纳非正规就业人员参加医疗保险的影响因素，通过实证研究发现性别、家庭抚养比、年龄、职业状态、健康状态、社会阶级、人力资本和社交等因素都是其参保行为的影响因素。有学者（Luitfrid，2013）将影响因素分为 4 个维度，即从社会经济因素、环境因素、制度因素和认知态度因素来研究坦桑尼亚非正规就业人员的参保行为，通过对 250 名非正规就业人员的调查得出各因素的影响系数。除此之外，施密特等（Mathauer，Schmidt & Wenyaa，2007）基于社会资本、医疗服务质量和管理机构能力这三个因素对肯尼亚非正规就业人员参加国家医疗保险计划意愿进行实证研究，得出了制度设计是影响非正规就业人员参加医疗保险重要影响因素的结论。

从实证研究方法选取的角度来看，国外学者较多采用相机定价法（CV）去测量非正规就业人员医疗保险的支付意愿及其影响因素，即当外部性存在时可以直接通过问卷调查法建立一个虚拟的医疗保险制度来获得非正规就业人员的支付意愿，同时还可以通过竞价博弈的方案来找出支付价格（赵雁、卢平，2000）。索尔伯恩等（Barnighausenhe & Sauerborn，2007）也对 65 位我国武汉非正规就业人员参加社会医疗保险的影响因素进行实证研究。通过多元分析后得出结论：当非正规就业人员年龄增加一岁，参保意愿就会上升 1.6%；女性比男性参加意愿高 17.4%—37.3%；具有永久性工作的比有暂时性工作的参保意愿高 19.1%—30.0%；

每个月的收入上升 1%则参保意愿上升 0.434%—1%。此外，较多的研究是以现行医疗保险制度为背景，运用问卷调查法找出影响参保行为的因素。素达尼（Sodani，2001）对 300 户拉贾斯坦邦家庭进行问卷调查研究后得出 3 个非正规就业人员医疗保险的制度方案，最后让这 300 户家庭选择为这 3 项制度愿意支付的最低缴纳金额。

从实证研究后得到的政策建议来看，国外学者较多地从政策制定者和非正规就业人员的角度出发提出政策性建议。首先，提高医疗保险制度的服务质量和服务效率是首要解决的重要问题（Gumber & Kulkareni，2000）；其次，为非正规就业人员提供更加灵活的缴费机制和待遇机制也被提出（Mathauer，Schmidt & Wenyaa，2007; Luitfrid Peter，2013; Kwado，Isasc & Anum，1997）；再次，提高非正规就业人员对医疗保险的认知程度是较多学者在实证研究后提出来的（Jahangir & Sayem，2010）；最后，研究者还提出了最有深入研究意义的群体参保制度，因其能规避医疗保险的逆向选择。

2. 养老保障与农村老年人的劳动参与

在国外研究中，关于社会保险对劳动参与决策的影响，学界并未取得一致的结果，一些学者发现养老保险与劳动参与决策相关，养老保险保障水平越高，劳动者退出劳动力市场概率越大。理论上来说，养老保险通过收入效应，放松行为主体对老年生活的预算约束，提高未来的收入水平预期，从而降低劳动动机，激励中老年人更早地退出劳动力市场。赫德（Hurd，1984）、伯特莱斯（Burtless，1986）等分析了美国 20 世纪 70 年代的数据，其结果均显示养老保障与劳动者劳动行为具有明显的相关关系，且认为其中的中间变量是养老保障金的水平，在政府政策保持不变的情况下，养老保障对劳动行为产生负向影响。博斯金（Boskin，1986）利用收入动机调查的面板数据，通过分析一组白人已婚男性劳动者的年龄，估计劳动者的退休行为，发现社会保险能够促使劳动者提早退休，而其中的影响因素是社会保险中的收入保障、收入税收。利伯曼等（Liebman et al.，2009）在解决个人以及夫妻的收入历史差异性问题的基础上，得出当社会福利边际税率提高时，劳动者偏向做出退休的选择。养老保障的收益和覆盖率的提高会增强收入效应，并促使劳动者做出退休的决定。在美国，社会保障水平越高、福利待遇越好的福利制度，能够激励老年人提前退休（Santos & Ferreira，2013）。博斯金（Boskin，1986）的研究指出，如果一对夫妻的养老保险金一年增加 3000 美元至 4000 美元，选择退休的可能将会增加 7.5%—16%。在欧洲，阿克塞尔（Axel，1998）对欧洲以及德国的养老保障政策进行纵向文本分析，发现养老保障的激励因素是欧洲老年劳动者低劳动参与率以及做出退休决定的重要影响因素。在发展中国家也存在类似情况，南非养老金是 1/3 家庭的重要收入来源，伯特兰德等（Bertrand et al.，2003）发现有养老金的三代家庭的青壮年劳动者参与率明显较低。而巴西为了提高社会养老金效益，通过降低养老金的申请标准对养老金制度进行改革，显著地影响了农村劳动者劳动行为，享受养老金使 55 岁至 64 岁农村劳动者退出劳动力市场的概率提高 38%（Filho，2008）。

另一些研究却发现养老保险与劳动参与决策不相关或者影响很微弱。美国在 20 世纪 80 年代对社会福利进行改革，美国 1977 年社会保障法案大幅度削减养老保障水平，克鲁格和皮施克（Krueger & Pischke，1992）是最先研究美国“福利切口”（benefit notch）一代人的社会保障与劳动供给关系的学者。他们利用当时的人口调查数据（CPS）估计了 20 世纪七八十年代养老保障对老年人劳动供给的影响，发现养老保障对劳动者参与率的作用并不明显，劳动参与率下降可能是受到公司福利、个人福利投资增加、身体状况等的影响。有学者（Samwick，1998）利用收入、地区、雇佣相结合的数据进行Probit分析，发现影响老年劳动者退休年龄的是退休的财富的绝对值而不是退休的相对水平，研究测算出养老保障覆盖率提高50%，劳动参与率下降5%，因此养老金水平对劳动参与率的影响是十分微弱的。伯特莱斯（Burtless，1986）根据最大似然法估计劳动者退休年龄的影响因素，发现老年人退休决策主要与收入水平、当期失业率以及对待就业与退休的态度相关，而养老金收入对老年人退休确实存在影响，但相关性较小。有一点值得注意的是，伯特莱斯是在劳动者对工资反映一样及同一年退休的假设下进行分析的，这可能会降低不同时间养老金收入水平对劳动者退休决策的影响权重。

养老保障的劳动供给在不同群体中存在差异。一般来说，由于个体存在收入、健康、原始资产、保险等方面的差异，每个个体对养老金的敏感程度不同，行为主体会产生不同的偏好。布劳（Blau，1997）发现养老保障对劳动供给影响具有性别差异性，养老金收益与老年已婚妇女的劳动供给呈负相关，而对老年已婚男性的劳动供给则具有正向影响。博斯金（Boskin，2010）用1969年纵向退休历史调查数据，把个体状态分为工作、半退休、完全退休三种，在以健康为控制变量的情况下，发现12%单身男性劳动者比有妻子的男性劳动者更早退休，这可能是因为妻子的存在提高了家庭的收入要求，因此延迟了退休年龄。克劳夫（Klauw，2008）研究发现单身劳动者的劳动行为在养老保障的影响下的反应比已婚人士更大，而已婚劳动者中男性比女性的反应更大。除以上因素之外，健康、社会保障知识、收入对劳动者退休决定也具有影响作用。斯奈德（Snyder，2006）得出的分析结果认为收入影响劳动行为，健康影响收入，健康与收入共同决定了劳动行为。除了客观的因素外，养老保障的主观认识对老年劳动力劳动行为也具有较强的相关关系。古斯特曼等（Gustmann et al.，2010）研究了劳动供给是否会通过社会保障知识的变量影响劳动力供给，有50%的劳动者无法感知他们对养老保障的期待，只有25%的劳动者能够说明他们对社会福利和养老保障金的期待。在该项研究基础上，有学者（Chan et al.，2008）研究了养老保障知识在养老金经济刺激下如何影响退休决定，结果表明具备良好养老保障知识储备的劳动者对养老金经济刺激的反应度是缺乏养老保障知识劳动者的五倍，养老保障知识不健全的劳动者也会对他们错误理解的政策刺激有所反应。

3. 社会救助与农村贫困农户的行为

贫困是全世界长期斗争的对象，世界各地政府部门、非营利组织以及学界都在为反贫困事业不断努力。通过梳理国外的文献，国外对贫困受助者的态度以及行为的实证研究主要集中在以下方面：

从研究对象的选择上看，国外的研究中有针对不同贫困群体、从不同侧重点展开的对该人群的态度观念、行为及生活方式分析。路易斯（Lewis，1975）在他的著作《五个家庭：贫穷文化之墨西哥个案研究》中，聚焦墨西哥贫民窟内的五个家庭，深入描述其日常生活，进而提出“贫困文化”的概念以解释贫困现象，指出其在家庭结构、人际关系、价值观念和消费模式等方面的共性。班菲尔德（Banfield，1958）在《一个落后社会的伦理基础》一书中，详细描述了意大利南部一个落后乡村的村民们为了即刻利益做出不道德的行为，剖析其背后的行动逻辑并搭建了一个解释框架。哈林顿（Harrington，1962）在他的著作《另类美国》中取材于美国社会，描述了美国底层贫困群体的生活方式及生活环境，分析总结了美国社会穷人间的一种贫困亚文化。默里（Murray，1984）在《失落的地平线》一书中则选择以美国少数民族聚居区的居民为研究对象。兰克和赫施勒（Rank & Hirschl，1993）以参与美国“食品券”项目的家庭为对象，探索人口密度与福利参与之间的关系。施密特等（Schmidt et al.，1998）则选择以美国加州参与“失依儿童家庭补助项目”（AFDC）的代表性贫困家庭为对象，研究物质滥用对人们福利依赖的影响。鲍里斯（Boris, 2007）的研究则聚焦于参与“失依儿童家庭补助项目”的受助对象中占很大比例的单亲女性家长，并将其称为具有歧视含义的“福利女王”（welfare queen）。有学者（Varekamp et al.，2014）以荷兰福利受益者为对象，调查其求职行为以及影响求职行为的因素。

除了西方工业国家的贫困研究以外，还有很多研究是围绕发展中国家的贫困群体开展的。阿格乌等（Agwu & Abah，2009）以参与尼日利亚科吉州“第二次国家扶助发展项目”（NFDE Ⅱ）的农民为对象，测量其对于这一合作农业项目的态度。相似的研究还有科耶尼坎和伊卡（Koyenikan & Ikharea，2014）对尼日利亚埃多州妇女参加第三届 Fadama 国家发展项目的参与行为进行测量和评估。阿格瓦和尤格乌（Agwa & Ugwu，2008）调查了参与该项目的农民对尼日利亚埃努古州的国家粮食安全计划（NSPFS）表现的感知情况。

从实证方法的选取角度来看，围绕“贫困文化”概念展开的受助群体的观念态度及行为方式研究多采取定性的研究方法，选取个案开展深入调查，并通过观察法以及深入访谈法获取资料，剖析和解释贫困群体陷入贫困的背后逻辑（Lewis, 1975; Banfield, 1958；Harrington，1962；Murray，1984）。此外，对扶贫或社会救助项目受助者的态度和参与行为研究，则多采用定量测量的方法，通过结构式访谈问卷以获得农户的社会经济状况、对待该项目的态度以及参与行为的有效数据（Agwu & Abah，2009；Koyenikan & Ikharea，2014；Agwa & Ugwu，2008）。有研究通过对文献和扶助项目文件的审查，构建了一组积极和消极陈述的评级量表，并使用李克特量表来衡量每个受访者的表示积极或消极态度的程度。还有研究在通过结构化访谈获取相关数据的基础上，使用频率、百分比、平均值和标准偏差的描述性统计的分析方法呈现受访者的社会经济特征数据，并采用多元回归分析检验妇女参与当地农业发展项目的决定因素。

关于受助者的态度以及行为的影响因素研究，有研究者从研究对象的社会经济特征中寻找其参与扶贫发展项目的影响因素，结果发现是否有农业发展项目参与经历以及农场的面积大小显著影响该地女性参与该项农业发展项目，无法满足她们的需求、时机不对、推广人员能力较低、烦琐重复的办理流程则是阻碍其参与项目的主要因素。有学者（Soboolu，2007）在探讨小规模农户参与政府扶贫项目的态度研究中，同样选择从研究对象的性别、年龄、婚姻状况等社会经济特征中挖掘影响其对地方政府扶贫态度的影响因素。相比之下，里昂（León，2007）则更多地考察了影响方面，除了对受访者的基本社会经济特征（包括性别、年龄、原籍地、婚姻状况、职业、教育水平、第二语言知识）数据进行收集以外，还增加了对受访者的物质生活信息的考虑，分析影响其参与旅游相关就业的因素。菲利普（Philip，2015）在针对印度农村女孩的个案研究中，从对象个体能力、缺乏可行的机会、家庭成员态度、社区对她的期待、个人的自尊心等方面入手，研究阻碍她们继续参与教育救助项目的因素。

福利依赖行为的影响因素研究，多位学者在实证研究的基础上，探讨了人口密度、社区结构、酒精和物质上瘾、就业市场、家庭结构等因素与福利依赖的关系。兰克等（Rank et al.，1993）的研究探讨了人口密度和社区结构这两个影响福利参与的因素，发现社区的贫困水平是当地人参与福利项目的有力的“预警器”。施密特等（Schmidt et al.，1998）则探讨了物质滥用是否对人们的福利经验产生影响，研究发现物质滥用并不是长期福利依赖的决定性因素，而是一个重复参与福利的预警信号，酒精和毒品上瘾则是影响福利依赖的因素。有学者（Henma，2002）指出，澳大利亚处于就业年龄者享有福利的人数比例不断增加的阶段，其原因在于两个重要的结构性因素，即家庭结构和劳动力市场的变化。

从研究提出的政策建议来看，不同的研究学者有不同的侧重点。阿格乌等（Agwu et al.，2009）等着重强调扶贫项目的决策和实施过程需要考虑农民参与问题，发挥在项目进程的每个阶段创造知识交流的氛围和推进农民决策的作用，农民参与合议对于改善农民的参与态度十分重要。菲利普（Philip，2015）则对促进贫困女性参与救助项目提出建议，提出实施家长和社区认知计划，提高受助者的自尊心、开展职业培训和安排适当且适应其自身的职业选择机会是最受欢迎的解决方案。佩雷拉（Perera，2006）则提出，要想提高受“贫困文化”影响的学生的学习动机，就要让教师激励学生产生学习的动力，并且维持这样的动力。针对福利依赖的行为问题，多个学者提出的不同的解决建议。其中，默里（Murray，1992）提出了较为极端的主张——取消福利。他提出政府应该致力于提供服务，而不是给贫困群体以现金救助，但这一观点遭到了许多批判。谢若登（Sherraden，1999）则提出发展资产社会政策，致力于改善受助者长期贫困的生活状况，帮助其获得独立持续生存的能力。莫菲特等（Moffitt et al.，1993）则认为，通过推崇私人健康保险以鼓励妇女参加工作的方式可缓解公共医疗援助导致的福利依赖问题。利本（Liben，1994）则提出政府应该放弃给人们提供物质方面的救助，而是转向提供道德和精神救助，才能协助他们摆脱贫困。

二、国内学术界的研究现状

与国外相比，国内对于特殊人群的社会保障问题的研究成果还相对较少，对一些特定问题的探讨也不够深入。

1. 灵活就业人员的医疗保障问题

对国内关于非正规就业人员的文献进行整理时，发现我国大都使用“灵活就业”这一概念，通过查阅文献得知我国部分学者结合我国国情，提出了与国际上广泛采用的“非正规就业”相对应的概念——灵活就业（邓大松、杨洁，2007；曾煜，2008），所以本书在国内的文献综述中会使用“灵活就业”这一概念。

根据数据统计，我国参加医疗保险的灵活就业人员从 2004 年的 538 万人上升到 2008 年的 2012 万人，但我国目前没有对于灵活就业人员人数的准确统计，从各类文献和统计资料可以推算出 2008 年底灵活就业人员医疗保险参保率只有 18%—35%（《我国灵活就业人员医疗保险政策研究》课题组，2012）。灵活就业人员参加医疗保险仍有很大的扩展空间。对于灵活就业人员参加医疗保险必要性这一问题，马海燕（2004）从制度公平、可持续发展、减少贫困和社会发展趋势这四个角度进行论证；燕晓飞（2009）认为灵活就业人员参加社会医疗保险是对社会弱势群体的保护，有助于缩小社会现有的差距和缓解社会矛盾，贾丽萍（2007）从社会医疗保险基金困境出发，认为灵活就业人员可以通过参加社会医疗保险来缓解医疗保障基金收支的窘境。

在国内的研究中，对于灵活就业人员医疗保险参保行为的影响因素主要运用问卷调查法和回归分析法进行研究，不少学者发现部分城市的灵活就业人员参加医疗保险会受到户籍制度的限制，参加养老保险反而不会出现这样的情况。同时，灵活就业人员医疗保险缴费偏高、医疗保险和养老保险捆绑参保、医疗保险待遇享受条件过于严格等制度性因素影响着他们最基本的医疗保障（《我国灵活就业人员医疗保险政策研究》课题组，2012）。毛瑛和陈钢（2006）通过 Logistic 回归分析发现西安市和宝鸡市灵活就业人员年龄、文化程度、户籍类型、灵活就业前工作单位性质、商业保险购买情况等都是他们参加医疗保险的影响因素；王虎峰（2009）则发现家庭月平均收入和户籍是影响灵活就业人员参加医疗保险最重要的两项因素；除此之外，王震（2007）在研究大连、上海、武汉、深圳、重庆 5 个城市乡城流动工人医疗保险覆盖率的影响因素中，发现灵活就业人员自身抵抗风险能力、健康状况、工作环境和企业特征也是影响他们参加医疗保险的重要因素。张国英和吴少龙（2012）通过对 2006 年、2008 年、2009 年珠三角 9 个城市农民工调查的数据进行分析，发现签订合同、企业规模和企业缺工情况是影响灵活就业人员参加社会医疗保险的重要影响因素。

目前，有 3 种从制度设计的角度让灵活就业人员参加社会医疗保险的理念：一是直接将灵活就业人员纳入原有的医疗体系中；二是建立一种独立于原有的医疗保险；三是建立一个不同的医疗保险体系。按照我国颁布的政策条例看，基本上我国是按照第一种理念进行操作（贾丽萍，2007）。李恩广和李绍坤（2009）通过已有的统计数据计算出灵活就业人员客观的缴费能力，最后得出灵活就业人员的医疗保险费支出占人均可支配收入的 6%—8% 更具合理性，也设计出 3 个不同缴费率下灵活就业人员家庭人均剩余费用的方案。

2. 养老保障与农村老年人的劳动参与

农村老年人的养老保障问题近年来得到越来越多的关注。其中具体到关于养老保险对劳动供给决策的研究，国内起步较晚，相关研究成果较少。由于数据的可获得性，国内学者主要以研究是否参加新型农村社会养老保险（简称新农保）、城镇居民养老保险对老年人劳动参与的影响为主，关于养老保险金收入对老年人劳动参与决策的影响研究较少。在国内研究养老保险对老年人劳动参与的影响也存在较大分歧，有些学者认为养老保险对我国老年人的劳动参与没有影响，有些学者则持相反观点。程杰（2014）利用四川省成都市的调查问卷，对数据进行 Probit、OLS、Tobit 分析，为了解决内生性问题还进行了 ivprobit、ivtobit 分析，最后的结果都表明无论是养老保障覆盖率还是养老保障待遇水平都显著地影响老年人的劳动参与率和劳动供给。黄宏伟等人（2014）

利用 2011 年原农业部农村经济研究中心农村固定观察点全国范围的农户调查数据，分别建立总劳动时间、农业劳动时间、非农业劳动时间、外出就业劳动时间四个模型，对养老金收入核心变量与劳动供给时间被解释变量进行 Tobit 分析，发现新型农村养老保险养老金收入对老年人的农业劳动时间供给有显著影响，而且对男性老年人劳动供给的影响大于女性老年人，主要影响中等健康水平的农村老年人。张川川（2015）利用断点回归（RD）以及 2010 年 CHARLS 数据，分析是否参加新型农村养老保险对劳动供给行为的影响，得出新农保能够在一定程度上减轻农村老年人的劳动负担。程令国等人（2013）对 2008 年、2011 年面板数据进行双重差分法（DID）分析，也得出新农保能够在一定程度上减轻农村老年人的劳动负担。在研究城镇居民养老保险方面，李江一（2018）利用 CHFS 数据通过断点回归分析城镇居民养老保险对老年人劳动参与的影响，结果显示养老保险金收入越高，老年人越会减少劳动供给。但解垩（2015）利用 CHARLS 的 2008 年、2012 年面板数据进行断点回归分析，得出新型农村养老保险对农村老年人劳动参与决策的影响不显著。车翼等人（2005）通过青岛市就业失业抽样调查数据，对养老金与退休老年人是否再就业进行逻辑回归分析，发现是否领取养老金与再就业两者之间关系并不显著，而年龄、性别、技术证书对再就业人员存在显著影响。

在养老保险对我国老年人的劳动参与的影响研究上，学者们的建议方向相差也较大。有的学者认为我国应该继续提高老年人的养老金收入，增强老年人的福利水平；有的则认为随着我国老龄化程度越来越高，养老金会影响我国老年人的劳动参与率，应该出台措施，应对此类现象，提高我国的劳动参与率。其中，张川川（2014）认为新农保政策对解决农民养老问题发挥了积极的作用，但养老保障水平较低，新农保养老金待遇应该进一步提高。

赵晶晶等人（2017）认为新农保对农村老人的劳动供给具有较大的影响，为了进一步缓解农村老人的劳动压力，建议适时提高基础养老金水平，构建多层次养老保障体系。李江一（2017）在研究是否参与新农保对劳动供给的影响后，建议推行类似弹性退休、延迟退休的机制。

3. 社会救助与农村贫困农户的应对行为

在当前国家大举开展扶贫攻坚工作的时期，面对已经实行的各类包括旅游扶贫、教育扶贫及低保帮扶等扶贫救助政策，国内的学者对不同类型的贫困受助者的态度和行为展开相关研究，在此从研究对象的选择、实证方法的选取、受助者态度和行为的影响因素选择及提出的相关政策建议等方面梳理相关研究进展。从研究对象的选择上看，我国的学者对于贫困受助者对待救助和帮扶的相关态度和行为的研究根据不同类别的帮扶救助工作或不同的针对群体具有不同的侧重点，部分学者针对贫困地区居民对于旅游扶贫效应的感知及参与行为展开探究。李佳、钟林生、成升魁（2009）在分析青海省三江源地区贫困及旅游发展现状的基础上，研究旅游扶贫项目为当地的贫困村民带来的正面及负面的感知和参与行为，发现当地居民对旅游扶贫有显著的正面效应感知，总体上支持发展地区旅游，且当地居民对待旅游扶贫的正面效应感知显著影响了其态度及参与意向。杨秋宁（2016）以广西壮族自治区隆林县德峨镇女性居民为对象，了解她们对于旅游扶贫的感知效应，分析具有不同的年龄、文化程度、职业、居住区域、月收入、与旅游业关系的女性群体的旅游扶贫感知及态度是否具有显著差异。卢冲、耿宝江、庄天慧和杨浩（2017）选择藏区贫困农牧民作为研究对象，设计问卷和建立分析框架，并采用计划行为理论分析农户参与旅游开发的行为特征，探讨贫困区农牧民对于旅游扶贫的参与意愿及行为的影响因素。其研究获得的资料数据，确实显示旅游扶贫项目的确带动了当地贫困居民增收。

部分研究选择考察贫困家庭子女的教育救助状况，探究受益群体对于教育救助工作实施的满意度情况（张艳，2015）。还有部分研究把低保贫困群体作为其研究对象，在调查低保政策实施效果的过程中注重低保居民对制度的评价态度及参与情况。其中，谭磊和余冰（2008）从广州一个老城区的低保居民入手考察他们的受惠状况及对制度的评价，了解该地最低生活保障制度的微观运行状态。张银、唐斌尧、王辉和董俐君（2017）则考察对山东济南地区的农村贫困群体对于低保整体工作及低保审批工作的满意态度，发现当地的农村贫困群体对于低保工作的整体满意度较高，但对目标人群的瞄准度存有一定偏差。

还有一部分研究探索了农户参与扶贫的态度和行为，剖析和解释了他们对待扶贫工作的特殊态度和行为的原因。吕学芳（2001）着重剖析了民族地区扶贫对象对于扶贫帮助产生的依赖心理，并从社会生活重度挫折、部分群体自卑心理和落后的文化观念三个方面探讨这种依赖心理产生的主观成因。纪朋涛（2013）深入探究了“岗底模式”的运行机制及其促进村民行为发生转变的作用机理，发现当地村民脱贫观念和行为已经从单一关注收入贫困层面上升到关注教育、文化、健康、心理、政治等能力和权利贫困层面。陈益芳等（2017）探究了在传统的政府主导模式下农户被动参与扶贫活动的意愿及表现的原因，研究表明政府在扶贫工作中的“角色错位”是导致贫困农户在扶贫活动开展中缺乏主导并遭排斥的主要原因。李锋（2017）则关注民族贫困地区贫困群体“获得感”提升障碍，将贫困群体的不满情绪及不平衡心理解释为横向对比的剥夺感、文化否定的隔阂感、生计压迫的无力感和“读书无用”的焦虑感。郭文泽（2016）则从贫困农民个体自身主观生活态度方面出发，开展探索性的调研，说明农村贫困文化的典型特征及具体表现，从自然地理环境、贫困的代际传递、读书无用论和相关扶贫政策缺失等方面剖析产生贫困文化的原因。

从实证方法的选取角度来看，国内的学者多采取问卷调查法以获得对受助群体的行为和态度的了解。李佳等（2009）选择通过设计问卷获得调查数据，定量分析影响居民对旅游扶贫效应感知、态度和参与行为的因素。还有研究则通过问卷调查法，使用双门槛模型定量分析贫困农牧民对旅游扶贫的参与意愿及行为的影响因素（卢冲等，2017）。少数学者使用个案分析的方法以获得描述研究对象的态度和行为的相关资料。谭磊（2008）采取个案访谈的方式，从低保居民入手，考察其受惠现状及对该制度的评价。此外，还有大量学者，在使用了问卷调查法的同时，辅之以访谈法、参与式访谈及文献法以获得更为全面的调查资料，同时提升研究的深度（张银等，2017；张艳，2015）。

关于受助者的态度及行为的影响因素研究，个体的社会经济特征是其中普遍采用的衡量指标，但是研究者还会根据其研究对象的特点还有接受的帮扶类型选择不同的考虑因素。有研究选择居民的不同人口特征、居民参与旅游的机会、居民参与旅游的能力及居民对旅游扶贫效应的感知等作为可能对其参与行为造成影响的因素（李佳等，2009）。还有研究从贫困农牧民个体特征、家庭特征、资源禀赋、贫困农牧民参与旅游扶贫的行为态度、主观规范和知觉行为控制方面对贫困农牧民的参与意愿及行为的影响进行定量分析（卢冲等， 2017）。陈益芳（2017）除了选择农户个体特征外，还将农户对政府的信任、政府在扶贫活动中的角色、农户对政府在扶贫活动中的“公正”的认知作为可能影响他们扶贫参与意愿的其他因素，进行了更加全面的分析。

从研究提出的政策建议来看，陈益芳（2017）认为应该充分调动贫困农户的主观能动性，完善“政府主导，农户主体”的扶贫参与机制，加强扶贫资金的审计检查，提高政府公信力，提高农户扶贫参与意愿。在针对旅游扶贫参与意愿和行为的研究中，研究者们大多从提升当地贫困居民的自我发展能力、加大政府支持力度、提供财税优惠政策及支持，以及汇集社会力量支持旅游扶贫项目的设计和发展等方面提出提高农户参与旅游扶贫意愿的建议（卢冲，2017；李佳，2016；杨秋宁，2016）。根据教育救助的受助者对实际救助的满意度调查，张艳（2015）提出要进一步均衡配置城乡教育资源，突出社会组织在教育救助中的作用，加强对贫困学生的心理救助，以及引导贫困家庭树立正确的教育救助观念等完善建议。郭文泽（2016）提出从经济建设以及人文素质建设两个方面去消除贫困文化。

第三节　本书的贡献与主要内容

一、本书的贡献

在社会发展的过程中，灵活就业的模式突破了传统的就业模式，并成了一种实用性很强的就业模式，但是在这种模式下的就业人员逐渐成为发展中国家社会保障体系的边缘群体，也逐渐成为学者对发展中国家社会保障体系研究的重点群体。根据对灵活就业人员参保行为国内外文献的梳理，这些研究成果促进了我们从灵活就业人员角度及社会发展的角度出发了解灵活就业人员参加社会医疗保险的必要性，并且为参保行为的实证研究提供了方法和角度，这在一定程度上满足了对这一群体参保行为的综合性研究。但现有的研究成果还不够多元化，由于灵活就业群体已经随着社会经济发展而成为国家经济的重要组成部分，并且这一群体也不再只是具有经济相对贫困的特点，还具有群体结构复杂且行业分布不平衡的特点，所以对于这一群体来说对参加社会医疗保险的考虑更为趋向多元化。同时，在国内社会保障体系碎片化的背景下，国内对灵活就业人员参保行为的研究呈现出区域化特征。本书以广州市作为研究地域，在广州市出台了灵活就业人员参加社会医疗保险相关规定的政策背景下，研究广州市灵活就业人员参加社会医疗保险行为的影响因素，能在一定程度上丰富对灵活就业人群的研究成果，提升他们的社会保障覆盖水平。

此外，本书也将深化对农村地区社会保障问题的研究，加深对社会保障与劳动力市场参与问题的认识。国外的研究在养老保险对劳动参与的影响上较为成熟，而国内关于养老金对劳动参与的影响研究主要侧重于分析新型农村养老保险参与率对农村老年人的影响，养老保险收入对农村老年人劳动供给的影响研究则为少数。本书在新农保养老金对老年人劳动参与的影响研究基础上，利用全新的数据进行研究，有助于对该问题进行更深入的分析。同时，贫困问题作为长期的全球性话题，各国政府均开展了多样化的消除贫困项目，其成效日益受到学术界的关注和重视。关于参与扶贫救助项目的受助者的行为和态度研究，国内外的相关研究总体而言可以划分为两类：一是主要通过问卷和结构性访谈的方式获取资料并采取定量的方法测量农户对于某一扶贫项目的感知、态度及参与行为，进而为项目的完善提出建议，国内研究中涉及旅游扶贫项目的研究多属于这一类；二是通过了解和剖析贫困者生活及其所在的社会环境来解释导致贫困并难以摆脱贫困的原因，这类研究多采用个案研究方法，对某类群体或者个体开展深入的调查，使用定性的分析方法。国内外相关研究在了解贫困群体的态度及行为的基础上，寻求贫困的缘由进而探索消除当前扶贫工作存在的障碍路径，只是国内这一领域的研究多集中于定量测量扶贫对象对于这一项目的感知、态度和行为，个案研究则多停留在探索性调研的层次，而深入剖析其生活与环境的个案分析相对匮乏，尤其缺乏结合其态度行为的影响因素与相应概念的理论推演，较少考察农村贫困户的态度和行为与其所生活的环境以及长期存在的文化价值观念之间的内在关联。本书也将进一步丰富现有的研究成果，更深入地探讨特殊人群的行为规律和社会保障制度的发展方向，提升学界和政界对这些问题的认识以及政策的发展，促进社会保障与劳动力市场参与的平衡。

二、本书的主要内容

本书的导论作为第一章，主要提出了研究的背景和意义，强调完善社会保障政策和劳动力市场参与的平衡，是我国社会保障制度进一步发展的重要议题。同时，本章对相关的研究成果进行了系统的回顾和梳理，在此基础上论述了本研究的贡献。

第二章以广州市灵活就业人员为研究对象，采用调查问卷法、个案访谈法收集研究数据和研究资料，运用二元回归分析法和分类树分析法对广州市灵活就业人员参加社会医疗保险的影响因素进行了研究。研究结果发现，人口统计学因素中的户籍类型、人员类型，职业因素中的劳动合同签订情况，健康因素中的过去两周身体状况、喝酒行为偏好，制度认知与认同因素中的对广州市社会医疗保险制度的了解程度、对参保行为减轻生活负担作用的认识、对参保行为的认同程度是影响广州市灵活就业人员的参保行为的主要因素。而个案访谈推论出了灵活就业人员制度选择有顾虑、制度参与过程复杂和制度满意情况参差不齐 3 种制度影响因素。

第三章利用 2015 年中国健康与养老追踪调查的微观数据，使用 Probit、Tobit 模型、CLAD 估计法、两部分模型四种回归方法，不断对数据模型进行修正，分析新农保养老金对农村老年人的农业劳动参与决策、非农业劳动参与决策、农业劳动时间、非农业劳动时间的影响。研究发现新农保养老金收入能够明显降低农村老年人参加农业劳动的概率，同时显著减少农村老年人年农业劳动时间，即农村老年人每月领取养老金收入越高，老年人农业劳动参与率越低，农业劳动时间越少。此外，新农保养老保险金未能显著降低农村老年人非农业劳动的参与率，新农保养老金与非农劳动时间呈正相关但不显著，新农保养老金收入对农村老年人年非农劳动时间可能具有吸引作用。同时，新农保养老金收入对不同地区的农村老年人的农业劳动时间影响不同。就边际效应来说，在相同养老金水平下，农村老年人劳动时间减少程度呈东部>西部>中部的特征。但是由于中西部地区老年人因劳动力外流新增的劳动负担更重，新农保养老金收入所减少的劳动时间并不能够真正意义上增加农村老年人的闲暇时间，因此新农保养老金亟须满足不同经济发展程度地区的农村老年人的养老需求。最后，新农保养老金收入对不同类型的农村老年人劳动参与行为的影响具有明显差异。

第四章以海南陵水县亚欠村的贫困户村民为研究对象，主要采用访谈法收集研究资料和数据，运用福利依赖和贫困文化相关理论对贫困农户对待社会救助福利的态度和行为进行剖析。研究发现，大部分贫困村民对于社会救助福利持积极的态度，但也有少部分贫困村民表现出消极的态度和行为，安于现状消极对待，出现了愿获取物资扶贫而不愿参与所推荐的就业工作等福利依赖行为。基于此，本研究结合当地实际现状从自然环境、个体特征以及家庭结构三个方面分析贫困村民产生如此态度和参与行为的影响因素。第一，生态环境方面，优越的自然环境降低其生活难度，如此环境下形成的懒散文化使贫困村民缺乏扶贫动力和脱贫上进心。第二，个体特征方面，青年贫困户成员参与扶贫活动的积极性高于老龄贫困村民；同时，外出打工以及掌握养殖、种植技术对贫困户村民参与高校扶贫项目具有正向推动作用。第三，家庭结构方面，家里有孩子上学的贫困户家庭表现出更高的扶贫活动积极性。

第五章在上述研究的基础上，提出了进一步完善社会保障政策的建议，务求推进社会保障与劳动力市场参与的平衡。其中包括完善新农保基础养老金待遇的调整机制，增加对不同缴费档次的补贴金额，提高农村居民缴费的积极性，增强我国城乡居民社会养老保险制度的弹性，针对不同情况设置不同的领取条件、领取奖励和补贴额度。同时，针对灵活就业人员的医疗保障问题，可以以制定灵活就业人员医疗保险制度要坚持的原则为基础，提出通过打破捆绑性参保的制度、强调强制性和自愿性参保相结合、鼓励参保的制度设置完善广州市现行的社会医疗制度的建议，还提出通过制度宣传和监督参保中介公司的方式优化广州市现行社会医疗保险制度的运行环境。

第二章　灵活就业人员的医疗保障议题

社会保障体系中，以工薪税或缴费筹资的社会保险项目对劳动力市场影响最为直接，其中主要表现为人口老龄化带来更高的社会保险支出，而社会保险的一个重要特征是待遇支付以缴费为前提。因此，随着人口老龄化程度不断加深，社会保险在提升劳动力获得保障的同时，其所要求的缴费也可能增加雇主的劳动力成本，由此将对企业员工工资、劳动力需求和企业投资、创新等行为带来影响（封进，2019）。而在这方面，灵活就业人员可能是受到直接冲击的就业群体之一。

我国灵活就业的发展历程与从计划经济向社会主义市场经济的转型相关联，这也就使得“终身雇佣制”的就业模式被灵活就业模式打破。改革开放之前，公费医疗和劳保医疗覆盖面的不断扩大与医疗费用的不断增长使得国家和企业对这两项医疗保险的财政支持难以为继，对社会医疗保险筹措资金制度的改革呼之欲出，“人人有医疗”的发展目标逐渐成为社会现实。在国有单位职工和城镇集体单位职工占城镇就业人员比例不断下降，而灵活就业人员占城镇就业人员比例不断提高的社会背景下，灵活就业人员的社会保障问题在社会保障规模不断扩大的过程中成为社会关注的重点。目前，国际主流的医疗保障模式都逐渐将灵活就业人员纳入保障体系中，实施医疗保障全民覆盖的国家已经向正规就业者、灵活就业人员或无业者提供医疗保障待遇；实施社会医疗保障模式的国家则在社会不断发展的过程中逐步将灵活就业人员纳入社会保障体系中。

我国灵活就业人员社会医疗保险的发展大体上是从无到有，再到将灵活就业人员纳入现有的社会医疗保险体系内的过程。2003年，为了解决灵活就业人员日益突出的医疗保险问题，我国颁布了《关于城镇灵活就业人员参加基本医疗保险的指导意见》，是首次将灵活就业人员纳入城镇职工基本医疗保险覆盖范围的政策（《我国灵活就业人员医疗保险政策研究》课题组，2012）。在此政策的推动之下，广州市在2005年专门制定并颁布了《广州市城镇灵活就业人员医疗保险试行办法》来提高灵活就业人员医疗保障的覆盖率。为了顺应社会保障事业的发展，广州市在2015年取消了城镇灵活就业人员医疗保险，转而将广州市灵活就业人员按照户籍和参保意愿分流到职工社会医疗保险和城乡居民医疗保险这两大框架下。在自愿参保与自主选择参保类型的政策背景下，灵活就业人员不得不面临各种影响其选择的因素，其中个人因素、社会性因素、制度性因素、风险特征、对待风险的态度因素等都会影响他们对社会医疗保险的选择。因此，本章以广州市灵活就业人员参加社会医疗保险的现状为基础，分析他们参加社会医疗保险的影响因素，探索现行医疗保险政策在制定与执行等过程中出现的问题并提出政策性建议，对提高医疗保险的覆盖率和增强灵活就业人员的社会安全感做出一定的努力，同时进一步推进城市医疗保障制度的继续发展。

本章的研究主要采用问卷调查法、个案访谈法和计量分析方法等。其中，问卷调查法主要用于收集大规模的定量资料以描述和概括广州市灵活就业人员社会医疗保险参保的整体情况；个案访谈法主要是随机抽取15名灵活就业人员进行深入访谈；计量分析方法主要是运用二元Logistic回归分析和分类树分析方法对数据进行分析。本书设计制作了一份自填式问卷——《广州市灵活就业人员社会医疗保险参保状况的调查问卷》。社会调查采用简单随机抽样和“滚雪球”抽样的方法选择被调查对象，并且主要涉及广州市白云区、越秀区、天河区、海珠区、番禺区和荔湾区六大区。根据问卷的制定和收集，运用 SPSS 软件，在对广州市灵活就业人员进行描述性统计的基础上通过二元 Logistic 回归分析模型分析他们参保行为的影响因素，最后运用分类树的方法对回归分析的结果进一步分析。此外，为了弥补问卷调查条框限制严格、部分内容无法深入的问题，本调查在问卷调查的基础上进行个案访谈，在接受问卷调查的对象中随机选取 15 名灵活就业人员进行访谈，访谈内容主要包括制度选择、制度参与、制度满意三方面。

第一节 灵活就业人员社会医疗保险的制度沿革

一、我国灵活就业人员社会医疗保险的制度沿革

中华人民共和国成立初期，私营及个体企业成为我国劳动者重要的就业渠道，根据吕红和金喜在（2008）的统计，1952 年我国私营和个体企业的产值占国家工业总产值的 51.2%。但在 1956 年计划经济体制全面建立之后，国家的劳动用工和人员的流动都是由政府相关部门的行政计划决定的，同时公费医疗和劳保医疗将保障对象重点放在正规就业人员上，所以在用工或就业不具有灵活性的社会背景下，政府对在非国有经济和非集体经济的劳动者也不能给予相应的社会保障。

20 世纪 80 年代以来，在国家经济体制转型的背景下，我国在农村进行了改革，实行家庭联产承包责任制，这也就使得部分农民从土地中解放出来并成为城市经济发展的重要力量。同时随着政府实施“三结合”就业方针（劳动部门介绍就业、劳动者自愿组织就业与自谋职业相结合）的出台，私营及个体企业得到了

新的发展，并且不断为国家解决国有企业或集体经济下岗职工、进城农民的就业问题（吕红、金喜在，2008）。然而，公费医疗制度和劳保医疗制度的不足阻碍了社会发展，因此我国的医疗保障体系进入了单位自发改革与地方政府自发改革的探索时期。1994年在镇江和九江实施了以社会统筹和个人医疗账户相结合的职工社会医疗保险，标志着我国公费医疗和劳保医疗向社会医疗保险转型。通过对"两江"职工医疗保险试点经验的总结，1995年在全国范围内逐步建立了"统账结合"模式的城镇职工基本医疗保险制度。这一政策的覆盖范围是正规就业者，主要包括国有企业、机关、事业单位、社会团体、民办非企业等单位的正规职工，而城镇个体经济组织业主及其从业人员能否参加基本医疗保险需要由各省市的相关部门自行决定。从这一制度的内容和当时市场经济体制运行的社会环境来看，还没形成气候的灵活就业未能吸引社会的关注。

20世纪90年代中后期至21世纪初期，随着我国经济体制改革的进一步深化和产业结构的调整，国家对国有经济所有权的转让使得国有经济的规模不断缩小，而城市下岗失业人员与不断迁移到城市的大量农村剩余劳动力的就业问题大多数由灵活就业的模式进行解决，并且灵活就业逐渐成为解决我国城镇新增就业的主要途径。与此同时，灵活就业人员的社会医疗保险问题逐渐引起社会的关注，2003年国家颁布了《关于城镇灵活就业人员参加基本医疗保险的指导意见》，明晰了以下几个问题：在参保对象的问题中，已经与用人单位建立明确劳动关系的灵活就业人员能按照用人单位参加基本医疗保险的方法参保，而其他灵活就业人员则可以以个人的身份进行参保；在社会保障待遇的问题中，从建立基本医疗保险统筹基金开始，首先解决灵活就业人员住院和门诊大额医疗费用的问题，有能力的地区可以为灵活就业人员建立个人账户和实行大额医疗补助；在缴费率问题中，可以参照当地基本医疗保险的待遇水平来制定灵活就业人员的医疗保险待遇，且明确了参保者的医疗保险待遇与其缴费年限和连续缴费行为相挂钩的方法；在管理服务中，为了提高社会化的管理水平，提出专门为灵活就业人员开设合理的经办流程和提供优质的服务。这一意见是我国逐渐扩大医疗保险覆盖面的结果，也是我国社会保险制度从以“单位人”身份参保向以“社会人”身份参保的转变。在该意见的指导下，部分地区为灵活就业人员专门制定了灵活就业人员医疗保险，以此来区分正规就业人员的城镇职工社会医疗保险。

我国市场化的进程给灵活就业的发展提供了巨大的发展空间，而我国严峻的就业现状也给灵活就业的发展提供了契机，所以在此阶段，国家开始注重对灵活就业人员的医疗保险实施鼓励性参保的政策设置。2004年国家颁布了《关于推进混合所有制企业和非公有制经济组织从业人员参加医疗保险的意见》，主要是以私营、民营等非公有制企业为重点，以与城镇用人单位建立了劳动关系的农民工为重要政策对象，采用鼓励性参保的政策设计来激励灵活就业人员参加社会医疗保险。该意见提出通过建立统筹基金和参加大额医疗费用补助的办法将混合所有制和非公有制经济组织从业人员纳入社会医疗保险范围内，而在城镇从事个体经营等其他灵活就业形式的农民工，可以按照灵活就业人员参保的规定参加社会医疗保险。在鼓励用人单位和从业人员连续参保方面，该意见提出采取待遇支付标准与连续缴费年限挂钩，设定最低缴费年限等（《我国灵活就业人员医疗保险政策研究》课题组，2012）。

为了加快社会医疗保险可持续的发展，国家把灵活就业人员带入一个自主选择参保并纳入现行社会医疗保险制度的阶段。为了解决民众“看病贵、看病难”的问题，我国在2009年颁布了《医药卫生体制改革近期重点实施方案（2009—2011年）》。该方案提出将全体城乡居民纳入基本医疗保障制度，从而实现人人享有基本医疗卫生服务的变革。在该方案的五项重点改革中提到了要积极推进城镇非公有制经济组织从业人员、灵活就业人员和农民工参加城镇职工医疗保险。同时规定了灵活就业人员可以自主选择参加城镇职工医疗保险或者是参加城镇居民医疗保险，在城镇就业的农民工能自主选择参加城镇居民医疗保险或参加其户籍所在地的新型农村合作医疗（《我国灵活就业人员医疗保险政策研究》课题组，2012）。

综上所述，我国的灵活就业人员社会医疗保险制度经历了一个从无到有的过程，而这个过程从为灵活就业人员制定专门的社会医疗保险制度，转向鼓励灵活就业人员参保和将他们纳入现有的社会医疗保险体系之中。

二、广州市灵活就业人员社会医疗保险的制度沿革

根据国家对社会医疗保险改革的进程，广州市也在相关国家部门的指导下对社会医疗保险进行了改革，并且在改革的过程中不断提高灵活就业人员参保的覆盖面。2005 年 12 月，为了满足灵活就业人员的基本医疗需求，广州市根据国家颁布的《关于城镇灵活就业人员参加基本医疗保险的指导意见》和《关于推进混合所有制企业和非公有制经济组织从业人员参加医疗保险的意见》，制定了《广州市城镇灵活就业人员医疗保险试行办法》，即为灵活就业人员设立单独的社会医疗保险制度。在参保对象的设置上，该方法规定了拥有广州市户籍且符合基本养老保险参保缴费年龄范围的灵活就业人员可以以个人的身份参加基本医疗保险，而与用人单位建立劳动关系的非本市户籍从业人员则由用人单位为其缴纳医疗保险费，若用人单位不为其缴纳，那他们就不能享受社会医疗保险待遇；在社会医疗保险费用的缴纳上，灵活就业人员是按照上年度本市单位职工月平均工资为基数，每人每

月按 4%的标准缴纳社会医疗保险费，并按规定缴纳重大疾病医疗补助金；在社会医疗保险的待遇上，参保的灵活就业人员能享受城镇职工基本医疗保险规定的住院、门诊特定项目和指定门诊慢性病医疗保险待遇，而参保人员要从参保缴费的第 7 个月才能开始享受此待遇。灵活就业人员参保后，达到法定退休年龄时连续缴费年限达到 10 年或累计缴费年限达到 15 年的，可以享受退休人员相应的医疗保险待遇（林白桦，2014）。单独为灵活就业人员制定医疗保险制度是一个创新之举，但这一制度未把非广州市户籍而在广州市从事无雇工个体经营的灵活就业人员纳入社会医疗保险的覆盖范围，并且在缺乏个人医疗账户和普通门诊等待遇的情况下，这一制度难以提高广州市灵活就业人员参加社会医疗保险的积极性。

2011 年，广州市相关部门基于 2005 年颁布的城镇灵活就业人员医疗保险制度和执行效果，重新颁布了《广州市城镇灵活就业人员基本医疗保险试行办法》。相比较而言，在参保制度选择上，这一政策规定灵活就业人员可以以个人的身份选择参加本市城镇职工基本医疗保险，并且缴费的比率提高到 10%；在享受社会医疗保险待遇上，从灵活就业人员缴费的次月起就可以开始享受医疗保险待遇。这一办法的制定释放了灵活就业人员参加医疗保险的选择权，能让他们根据自身的经济能力和身体状况来选择参加不同的社会医疗保险，同时这一制度也是在逐渐扩大社会医疗保险的覆盖率。但此制度的参与对象依然局限在具有广州市户籍的灵活就业人员，并未向非广州市户籍的灵活就业人员开放参与的权利。

随着非广州市户籍灵活就业人员总量的增大，他们的社会医疗保险现状吸引了一定的社会聚焦。在 2015 年颁布了《广州市社会医疗保险办法》之后，城镇灵活就业人员的社会医疗保险被取消了，广州市灵活就业人员按自身参保意愿分流到职工社会医疗保险和城乡居民医疗保险。在制度的衔接上，原来参加城镇灵活就业人员基本医疗保险的缴费年限计算为其参加职工社会医疗保险或者是城乡居民医疗保险的缴费年限。从总体来看，灵活就业人员可以分别以个人形式和以集体形式参加社会医疗保险，如表2.1所示。以个人形式参加可以按照户籍的不同分为两种不同的参保方式，具有广州市户籍的灵活就业人员可以根据自己的经济能力和身体状况选择参加职工社会医疗保险或城乡居民社会医疗保险。而非广州市户籍的灵活就业人员在以个人身份参加广州市社会医疗保险时，只能选择职工社会医疗保险和重大疾病医疗补助，并且一定要捆绑性参加养老保险。

表2.1　广州市户籍的灵活就业人员以个人形式参加社会医疗保险

险种	缴费基数（元）	缴费比例	缴费金额	划入个人账户的比例	个人实际负担（元）
城镇灵活就业人员医疗保险	5808	4%	232.2	—	232.32
职工社会医疗保险	4058	10%	405.8	81.16—154.204	251.60—324.64
城乡居民社会医疗保险	36400	0.50%	182	—	167

注：1. 个人实际负担＝缴费金额－划入个人账户的金额。

2. 本表使用2016社保年度的缴费基数进行计算。

在2015年7月份之前，广州市灵活就业人员参加的医疗保险是城镇灵活就业人员医疗保险，缴费金额为232.2元，但这一制度没有为灵活就业人员设置个人账户，所以参保人员每月的实际负担是232.2元。在颁布了《广州市社会医疗保险办法》后，以个人形式参加社会医疗保险的广州市户籍灵活就业人员可以根据个人的经济情况、身体健康状况选择参加广州市城乡居民医疗保险或职工社会医疗保险。其中，选择参加职工社会医疗保险的灵活就业人员个人每个月的实际负担是 286.76 元到 342.23 元之间，这与 2015 年 7 月前的城镇灵活就业人员医疗保险相比，选择参加职工社会医疗保险的灵活就业人员的个人实际负担有所加重。然而选择参加城乡居民社会医疗保险的个人实际负担最小，每年仅需缴纳 167 元。而以个人形式参加广州市社会医疗保险的非广州市户籍灵活就业人员就需要同时参加养老保险和重大疾病保险，这样捆绑性的参保使得他们每月需要交纳的社会保险费是 904.99 元，这也就让他们的个人实际负担比在原籍地参加新型农村合作医疗或城镇居民医疗保险的要高，如表 2.2 所示。

表 2.2　非广州市户籍的灵活就业人员以个人形式参加社会医疗保险

险种	缴费基数（元）	缴费比例	缴费金额（元）
养老保险	2408	20%	481.6
职工社会医疗保险	4058	10%	405.8
重大疾病保险	6764	0.26%	17.59
社会保险费用合计	—	—	904.99

以集体形式参加社会医疗保险，是指与灵活就业人员建立劳动关系的工作单位为灵活就业人员购买社会医疗保险，如有雇工的个体工商户或合伙经营。在这一制度设置下，作为雇工的灵活就业人员每个月的缴费金额仅为 277.59 元，但个体工商户或者是合伙经营的雇主每个月需要为每一位雇员缴纳 762.73 元的社会保险费，如表 2.3 所示。同时在本次的调查中，我们发现大多数雇主由于较高的缴纳费用不愿为其雇员缴纳社会保险费，还有一部分雇主会将社会保险费折现给雇员。

表 2.3 广州市户籍或者非广州市户籍灵活就业人员以集体形式参加社会医疗保险

险种	缴费基数（元）	单位缴纳		个人缴纳		合计（元）
		缴费比例	缴费金额（元）	缴费比例	缴费金额（元）	
养老保险	2408	14%	337.12	8.00%	192.64	529.76
职工社会医疗保险	4058	8%	324.64	2.00%	81.16	405.8
失业保险	1895	0.48%	9.1	0.20%	3.79	12.89
生育保险	4058	0.85%	34.49	—	0	34.49
工伤保险	1895	0.20%	3.79	—	0	3.79
重大疾病医疗补助	6764	0.26%	17.59	—	0	17.59
社会保险费用合计	—	—	726.73	—	277.59	1004.32

从广州市灵活就业人员医疗保险制度的发展轨迹来看，广州市灵活就业人员的社会医疗保险也经历了一个从无到有的过程，广州市先对具有广州市户籍的灵活就业人员制定单独的社会保险制度，在对制度适应性和社会发展等情况的考量下，广州市将灵活就业人员按照其意愿纳入职工社会医疗保险制度或城乡居民医疗保险制度。在制度的发展过程中，灵活就业人员的医疗需求得到了满足，并且释放部分灵活就业人员参加社会医疗保险的选择权，这样的制度设计不仅能让社会医疗保险得以持续发展，还能缩小社会差距、体现社会公平。

第二节 调查数据基本情况

一、调查样本情况

为了更好地了解广州市灵活就业人员的基本情况和参加医疗保险的现状，本研究采用了简单随机抽样和滚雪球抽样的方法发放调查问卷。根据《广州统计年鉴2016》中各区常住人口、户籍人口、外来人口和常住人口密度的情况选择了前六大区作为调研地区，而在这六大区内选择在白云区广园新村商业街和三元里商业街、越秀区北京路商业街和小北路商业街、天河区石牌东商业街和车陂路商业街、海珠区江南西商业街和客村商业街、番禺区市桥商业街和钟村商业街、荔湾区上下九商业步行街和中山七、八路的商业街进行简单随机抽样，其中每个辖区要完成40份以上的调查问卷。在采用简单随机抽样选择了第一批调查对象之后，再采取滚雪球抽样的方式进行抽样，即第一批调查对象向我们提供另外一些属于本调查目标总体的调查对象，然后根据他们提供的线索进行调查。随着这一过程的积累，能增加接触到样本总体中目标群体的可能性，也能提高问卷的填写质量。最后对完成问卷调查的灵活就业人员进行随机抽样选择，参加进一步的个案访谈。

灵活就业的形式繁多且涉及行业广泛，根据前文对研究对象的界定，本研究将调查对象的职业明确为超市导购员、兼职代课老师、教育培训机构的工作人员、个体经营者、合伙经营者、街头的临时摊贩、家庭小时工、新型O2O电商创业者、律师、作家等。

本研究共发放问卷320份，收回312份，其中有效问卷300份。在获取了研究所需的真实数据后，表2.4中的数据分析主要是通过对问卷的统计而得来。

表 2.4　2015 年广州市六大区人口状况

调查地区	常住人口（万人）	户籍人口（万人）	外来人口（万人）	常住人口密度（人/平方千米）
越秀区	117.55	114.65	2.9	33920
海珠区	159.98	99.81	60.17	17697
天河区	150.61	82.43	68.18	15635
荔湾区	89.14	71.96	17.18	15083
白云区	228.89	89.83	139.06	2876
番禺区	146.75	83.57	63.18	2769

基于对灵活就业人员进行“经济人”假设的前提，本研究认为不管灵活就业人员对广州社会医疗保险做出何种选择，这些选择都属于他们基于自身的情况做出的参与制度选择。本研究将灵活就业人员参加广州市社会医疗保险行为的影响因素细化为人口统计学因素、职业因素、健康因素、制度认知与认同因素。

二、基本特征分析

从广州市灵活就业人员年龄与学历构成状况之间的比较可以看出，随着国家改革开放的深入和我国高等教育事业的发展，较多人能够通过各种方式享受我国的普通高等教育。在被调查的广州市灵活就业人员中，有 182 名灵活就业人员接受过普通高等教育，占比 60.7%。同时，在国家推动大众创业、万众创新和个人价值实现方式多元化的社会大背景下，许多大学毕业生选择灵活就业或自主创业来代替就业。通过调查，发现 25 岁以下和 26 岁至 30 岁这两个年龄段的大学专科与大学本科毕业生占总样本的 40.7%，且调查对象主要以青壮年为主，26 岁至 45 岁的灵活就业人员共有 212 名，占比 70.7%。随着社会的变迁，人们的受教育程度会影响他们对自身风险的认识和规避社会风险的方式，所以采取措施提高国家总体文化素质可能会对扩大社会保险覆盖率有很大的推动作用。

此外，样本中收入水平中下且需要赡养老人的灵活就业人员数量居多。灵活就业以一个特殊的就业形式作为正规就业和失业之间的缓冲层。灵活就业在《中国灵活就业基本问题研究》中被分为主动型灵活就业和被动型灵活就业（中国劳动和社会保障部劳动科学研究所课题组，2005），而曾湘泉则按灵活就业的特点分为创业型、就业型和逃生型，不同的分类意味着灵活就业人员在劳动力市场上的地位存在差别，而社会地位的不同主要呈现在灵活就业人员的月平均收入上（曾湘泉，2003）。根据实证调查结果显示，广州市灵活就业人员的月收入主要分布在 2001 元到 6000 元之间，而上一年度广州市在岗职工月平均工资是 6763 元，即较多灵活就业人员的月平均收入是低于平均工资。同时，需要承担赡养老人责任的灵活就业人员占大多数，共有 220 名，且其中 199 名灵活就业人员的月收入是在 2001 元到 6000 元。所以收入处于中下水平的灵活就业人员在承担赡养老人责任时，可能会影响其对社会医疗保险的选择，即相对来说需要赡养的老人数量越多，他们的支出就越大，所以他们可能会希望获得更多的直接性经济收入，而不愿意将更多的钱投入社会医疗保险中。

灵活就业人员劳动关系的非规范化。由于灵活就业人员群体的异质性，这一群体内部存在着有雇工的个体经营者、无雇工的个体经营者、受雇者和自由职业者等各种就业形式。根据调查，有 186 名灵活就业人员未与用人单位签订正规的劳动合同，其中有 145 名灵活就业人员是属于个体经济或者是小型私营经济的雇员，但实际上只有 66 名灵活就业人员与用人单位签订了正规的劳动合同。这可能是因为灵活就业人员多以短工、临时工或帮工的形式在用人单位中工作，所以很大一部分灵活就业人员并未与用人单位通过签订正规的劳动合同来确定正规的劳动关系，或者签订了不正规的劳动协议。在缺少正规劳动合同的情况下，灵活就业人员会缺乏相应的权益保障，且劳动关系非规范化在一定程度上是与灵活就业人员寻找工作的方式相关，即较多灵活就业人员是通过亲友或其他非正规的途径获得就业信息的。

与正规就业者参加社会医疗保险的强制参保方式不同，广州市灵活就业人员采用的是自愿参保模式，即在给定的参保缴费要求、参保类型等政策条件下，灵活就业人员可以自主选择是否参加社会医疗保险，并且还能选择参加社会医疗保险的类型。2005年广州市为灵活就业人员制定了专门的社会医疗保险，即灵活就业人员可以以个人的身份参加社会医疗保险。为了加快社会保障体系的完善和提高社会保障的覆盖面，广州市在2015年取消了城镇灵活就业人员医疗保险，广州市户籍的灵活就业人员能按照他们各自的意愿选择参加城乡居民医疗保险和职工社会医疗保险。而非广州市户籍的灵活就业人员只能按照就业状况的不同选择以个人的形式还是以集体的形式参加社会医疗保险。对调查样本参加社会医疗保险的特征进行如下分析。

根据调查，300名调查对象中有227名灵活就业人员是非广州市户籍的外来务工人员，但在这一总体仅有15.9%的灵活就业人员参加了广州市社会医疗保险。而在73名广州市户籍的灵活就业人员中，社保参与率已经达到了72.6%，所以非广州市户籍与广州市户籍的灵活就业人员在社会医疗保险的参保率中存在着较大的差距。

由于灵活就业人员构成成分的复杂性，所以广州市灵活就业人员参保的类型具有多样性（参见表2.5）：其一，无雇工的个体工商户、独立服务型的就业人员或自由职业者可以以个人的身份参加社会医疗保险。但具有广州市户籍的灵活就业人员能选择参加城乡居民医疗保险、广州市职工社会医疗保险与重大疾病医疗补助或补充医疗保险的组合。而非广州市户籍的只能参加广州市职工社会医疗保险，同时要求叠加重大疾病医疗补助，或者他们可以选择参加原籍地的医疗保险或者购买商业医疗保险。其二，与用人单位发生劳动关系的灵活就业人员并且在用人单位为其购买医疗保险的情况下，只可以参加职工社会医疗保险；但如果用人单位不为其购买医疗保险，灵活就业人员可以选择参加原籍地的医疗保险或购买商业医疗保险，甚至是可以不参加社会医疗保险也不购买商业医疗保险。

表 2.5　广州市灵活就业人员参加医疗保险的类型

参保现状	样本个数
城乡居民医疗保险	40
广州市职工社会医疗保险、重大疾病医疗补助	64
广州市职工社会医疗保险、重大疾病医疗补助、补充医疗保险	12
参加了原籍地的医疗保险	74
购买了商业医疗保险	34
不参加任何社会医疗保险，且未购买商业医疗保险	76

第三节　调查数据分析

在数据分类和参保行为特点分析的基础上，本节主要是对调查问卷中的所有因素进行交互分析、Logistics 回归分析和分类树模型分析，从而在分析的过程中找出影响灵活就业人员参加医疗保险的因素，最后能为扩大灵活就业人员参加医疗保险覆盖面提供重要的实证依据。

一、样本数据的交互分析

1. 人口统计学因素与参加广州市社会医疗保险行为的交互分析

从人口学因素对广州市灵活就业人员参加广州市社会医疗保

险的影响来看，人口学因素中的户籍分类和人员类型的卡方值通过了显著性检验（Sig<0.05），这就表明户籍种类和人员类型与广州市灵活就业人员参加广州市社会医疗保险的行为之间存在关联。农村户籍的灵活就业人员参保的比例为30.8%，城镇户籍的灵活就业人员参保的比例为54.5%；广州市城镇户籍人员的参保比例为82.1%，广州市农村户籍人员参保比例为66.7%，非广州市户籍的外来务工人员的参保比例为27.8%（参见表2.6）。究其原因，户籍制度一直是我国城乡二元制的基础，此制度从最初的人口登记手段发展为承载政府分配公共产品和公共服务的基础性制度（彭哲希，2015）。根据《广州市社会医疗保险办法》相关制度内容，参加广州市社会医疗保险的灵活就业人员按照其类型进行了参保标准的分类，这也就导致了大多数外来务工人员被以户籍制度为基础的城市内部二元体制排斥在城市主流社会之外，当他们不能公平地享受城市经济发展的成果时，会逐渐成为城市的边缘群体。

表2.6　广州市灵活就业人员的人口学因素与医疗保险参保交互分析

各项		参保情况		χ^2	Sig.
		是	否		
性别	男	39.1	61.9	0.035	0.902
	女	38	62		
年龄	25岁以下	36.1	63.9	3.673	0.452
	26—35岁	41.7	58.3		
	36—45岁	38.8	61.2		
	46—55岁	20	80		
	56岁以上	0	100		

续表

各项		参保情况		χ^2	Sig.
		是	否		
教育程度	私塾	0	100	1.383	0.052
	小学	14.3	85.7		
	初中	20	80		
	职业高中	50	50		
	普通高中	39.2	60.8		
	中专	27.9	72.1		
	技校	47.1	52.9		
	大学专科	55.8	44.2		
	大学本科	38.7	61.3		
人员类型	广州市城镇户籍人员	82.1	17.9	48.593	0
	广州市农村户籍人员	66.7	33.3		
	非广州市的外来务工人员	27.8	72.2		
婚姻状况	未婚	38.7	61.3	1.084	0.582
	已婚	39.6	60.4		
	离婚	22.2	77.8		
家庭人口数	1—3人	41.5	58.5	2.848	0.416
	4—6人	41	59		
	7—9人	30.4	69.6		
	9人以上	25	75		
赡养老人	要赡养老人	39.5	60.5	0.269	0.604
	不需要赡养老人	36.3	63.7		

2. 职业因素与参加广州市社会医疗保险行为的交互分析

如表 2.7 所示，从职业因素对广州市灵活就业人员参加广州市社会医疗保险的影响来看，职业因素中劳动合同的卡方值通过了显著性检验（Sig<0.05）。这表明了劳动合同与广州市灵活就业人员参加广州市社会医疗保险行为之间存在关联，没有签订正规

合同的灵活就业人员的参保比例是最低的，为32.4%。究其原因，劳动合同是就业单位或雇主与雇员之间契约关系的体现，大多数受雇者的灵活就业人员都是在私营经济或者是个体经济中工作，雇主为了利润的最大化而不断在劳动权益方面对受雇者进行一定程度的侵害，所以灵活就业人员的劳动合同签订率会比正规就业人员的签订率低，而且社会保险较多依附在正规的劳动关系上。

受到灵活就业群体内部结构复杂性的影响，灵活就业人员不再是低收入群体或下岗职工群体的集结，而是一个收入存在异质性的群体。张延吉和秦波（2015）在基于2011年我国社会状况综合调查的实证研究中发现，灵活就业人员的收入已在2011年超过了正规就业者。从数据结果来看，平均月收入并未成为影响灵活就业人员参加社会医疗保险的因素，随着平均月收入的增加反而出现中间高两边低的医疗保险参与率。这可能的原因是：在非寿险领域中，商业医疗保险和社会医疗保险存在着竞争关系，收入较高的灵活就业人员会更倾向于全面性更高的商业保险，而平均月收入较低的灵活就业人员则选择参加个人实际负担较低的农村合作医疗（刘玉娟，2012）。

表2.7　广州市灵活就业人员职业因素与医疗保险参保交互分析

各项		参保情况		χ^2	Sig.
		是	否		
平均月收入	2001—4000元	31.3	68.6	6.916	0.14
	4001—6000元	37.0	63.0		
	6001—8000元	48.1	51.9		
	8001—10000元	38.2	61.8		
	10000元以上	61.5	38.5		
工作状况	有雇工的个体经营者	42.6	57.4	10.768	0.149
	无雇工的个体经营者	34.5	65.5		
	受雇于他人（有固定雇主）	38.0	62.0		

续表

各项		参保情况		χ^2	Sig.
		是	否		
工作状况	零工、散工（无固定雇主）	0.0	100.0	10.768	0.149
	劳务工/劳务派遣人员	63.6	36.4		
	在自己家的生意/企业中工作/帮忙，领工资	30.0	70.0		
	在自己家的生意/企业中工作/帮忙，不领工资	100.0	0.0		
	自由职业者	33.3	66.7		
劳动合同	签有正规的劳动合同	52.3	47.7	6.017	0.049
	订下口头协议	38.5	61.5		
	没有签订劳动合同	33.3	66.7		
工作时间安排	白天少于或等于8个小时	43.6	56.4	4.403	0.354
	白天大于8个小时	33.3	66.7		
	晚班（晚上12:00之前）	50.0	50.0		
	夜班（晚上12:00之后）	0.0	0.0		
	随叫随到	100.0	0.0		
	工作时间不规则	38.9	61.1		
兼职工作	有其他兼职工作	30.2	69.8	1.951	0.162
	没有其他兼职工作	40.5	59.5		

3. 健康因素与参加广州市社会医疗保险行为的交互分析

依据逆向选择理论，在统一缴费且自愿选择的参保模式条件下，参保者可能会根据自身的健康状况来选择是否参加社会医疗保险，即健康状态较差或健康行为偏好较差的参保者会选择参加社会医疗保险以规避健康风险，而健康状态较好或健康行为偏好较好的参保者会选择不参加社会医疗保险。为深入了解健康因素对广州市灵活就业人员参加社会医疗保险的影响，本调查将健康因素分为主观健康因素、客观健康因素和健康行为偏好。其中，主观健康因素是指调查者对本人健康状况的主观认识；客观健康因素是指从生病、住院、慢性病等方面了解调查者的健康事实；健康行为偏好是指了解调查者有哪些关于影响自身健康的行为，比如吸烟、喝酒、定期身体检查和锻炼身体的情况（臧文斌、赵邵阳、刘国恩，2012）。

如表 2.8 所示，从健康因素对广州市灵活就业人员参加广州市社会医疗保险的影响来看，过去两周身体是否患病或者不适、吸烟情况、喝酒情况和定期参加身体检查情况的卡方值通过了显著性检验（Sig<0.05）。这表明了过去两周有患病或者身体不适的灵活就业人员参加广州市社会医疗保险的比例比没有患病或者身体没有不适的要高，为 55.20%，而对于健康行为偏好中的没有吸烟历史、没有喝酒习惯和有进行定期身体检查的灵活就业人员分别比有吸烟历史、有喝酒习惯和没有进行定期身体检查的参保比例要高。

表 2.8　广州市灵活就业人员健康因素与医疗保险参保交互分析

健康因素			参保情况		χ^2	Sig
			是	否		
主观健康因素	过去一个月的健康状态	非常健康	39.5	60.5	8.18	0.085
		健康	32.7	67.3		
		一般	47.9	52.1		
		比较不健康	66.7	33.3		
		非常不健康	42.9	57.1		
	与过去一年相比现在的健康状态变化	变好了	30.9	69.1	7.37	0.061
		没变化	35.8	64.2		
		变差了	51.3	48.7		
		不好说	36.1	63.9		

续表

健康因素			参保情况		χ^2	Sig
			是	否		
客观健康因素	慢性病情况	有慢性病	33.9	66.1	1.92	0.383
		无慢性病	41.3	58.7		
		不知道，没检查过	31.6	68.4		
	过去两周是否患病或者身体不适	是，有患病或者身体不适	55.2	44.8	9.97	0.002
		否，没有患病或者身体不适	33.9	66.1		
	过去一年是否有住院经历	是，有住院经历	29	71	1.35	0.245
		否，没有住院经历	39.8	60.2		
健康行为偏好	吸烟的情况	有吸烟的历史	25.9	74.1	4.97	0.026
		没有吸烟的历史	41.7	58.3		
	喝酒的情况	有喝酒的习惯	22.1	77.9	12	0
		没有喝酒的习惯	44.4	55.6		
	定期身体检查的情况	有进行定期身体检查	47	53	7.12	0.008
		没有进行定期身体检查	31.9	68.1		
	锻炼身体情况	参加身体锻炼	40	60	0.24	0.637
		不参加身体锻炼	37.2	62.8		

4. 制度认知、认同因素与参加广州市社会医疗保险行为的交互分析

相对于正规就业人员来说，灵活就业人员缺乏组织性，对社会政策的敏感度不及其他社会成员，且对政策决策者没有产生实质性的政治压力。当社会公民对某一政府政策的认知程度比较低的时候，就不能通过全面的思考对此政策做出理性的选择或理性的评价，最后就可能会导致这一政策得不到制度认同，且会成为制度变迁的主要影响因素（郭世英，2016）。从制度认知和认同因素对广州市灵活就业人员参加广州市社会医疗保险的影响来看，对广州市灵活就业人员参加社会医疗保险规定的了解程度、社会医疗保险制度对减轻生活负担的作用和参加社会医疗必要性的卡

方值通过了显著性检验（Sig<0.05）。这表明对广州市灵活就业人员参加医疗保险规定很了解的灵活就业人员参加社会医疗保险的比例比其他人的要高，为94.10%；认为社会医疗保险制度对减轻生活负担有很大作用的灵活就业人员比其他人的参保率要高；认为有必要参加社会医疗保险的灵活就业人员的参保率比其他人的要高（参见表2.9）。

表2.9　广州市灵活就业人员制度认知和认同因素与医疗保险参保交互分析

制度认知和认同因素		参保情况		χ^2	Sig
		是	否		
对广州市灵活就业人员参加医疗保险规定的了解程度	很了解	94.1	5.9	63.49	0.000
	比较了解	57.7	42.3		
	不太了解	10.9	89.1		
	完全不了解	28.7	71.3		
社会医疗保险制度对减轻生活负担的作用	没有作用	12.7	87.3	36.93	0.000
	很小，可以忽略不计	29.4	70.6		
	有一定的作用	51.8	48.2		
	作用很大	60.3	39.7		
参加社会医疗保险的必要性	没有必要	33.2	66.8	23.26	0.000
	说不清	37.3	62.7		
	有必要	81.5	18.5		

在对广州市灵活就业人员医疗保险参保情况进行交互分析后，剔除Sig值大于0.05的变量，将Sig值小于0.05且对灵活就业人员参保行为有显著影响的10个变量留下并引入下一步的Logistic回归分析模型中。这10个变量分别是人口学因素中的户籍类型、人员类型，职业因素中的劳动合同签订情况，健康因素中的过去两周患病情况、吸烟情况、喝酒情况、定期身体检查情况，制度认知与认同因素中的对广州市社会医疗保险规定的了解

情况、社会医疗保险对减轻生活负担作用和参加医疗保险必要性。

二、Logistic 回归分析模型分析

1. 相关变量的赋值

根据交互分析的结果，表 2.10 是将交互分析结果所得的 10 个变量进行赋值，并对变量的均值和标准差进行了计算。

表 2.10　自变量的赋值及其分布

变量	变量赋值	均值	标准差	最小值	最大值
户籍类型	农村户籍＝0，城镇户籍＝1	0.33	0.47	0	1
人员类型	非广州市户籍的外来务工人员＝0，广州市城镇户籍人员＝1，广州市农村户籍人员＝2	0.39	0.735	0	2
签订劳动合同的情况	没有签订劳动合同＝0，订下口头协议＝1，签有正规劳动合同＝2	0.66	0.895	0	2
过去两周是否患病或感觉身体不适	没有＝0，有＝1	0.22	0.417	0	1
吸烟历史	没有＝0，有＝1	0.19	0.396	0	1
平时是否喝酒	没有＝0，有＝1	0.26	0.438	0	1
是否定期锻炼身体	没有＝0，有＝1	0.45	0.498	0	1
对广州市社会医疗保险了解程度	完全不了解＝0，不太了解＝1，比较了解＝2，十分了解＝3	1.08	0.977	0	3
社会医疗保险对减轻生活负担的作用	没有作用＝0，很小可以忽略不计＝1，有一定的作用＝2，作用很大＝3	1.49	1.003	0	3
参加社会医疗保险的必要性	0＝没有必要，1＝说不清，2＝有必要	0.46	0.655	0	2

2. Logistic 回归模型分析

本研究的因变量（广州市灵活就业人员参加社会医疗保险行为）是一个二项分类变量，即只存在参保与不参保这两种行为结果，所以本次分析采用的是二分变量 Logistic 回归模型。表 2.11 为本次回归分析的结果，根据表格显示，广州市灵活就业人员中的户籍类型、人员类型、合同签订情况、过去两周患病或身体不适的情况、喝酒行为习惯、对灵活就业人员参保制度了解程度、社会医疗保险制度对减轻生活负担的作用、参加社会医疗保险的必要性这 8 个变量，对广州市灵活就业人员参加社会医疗保险有显著的影响；灵活就业人员参加广州市社会医疗保险行为没有显著影响的因素是吸烟行为习惯和定期参加身体检查的行为习惯。

表 2.11 广州市灵活就业人员参加社会医疗保险的 Logistic 分析结果

各项	B	S.E	Exp（B）
户籍类型			
城镇户籍	1.025	0.381	2.778*
人员类型			
广州市城镇户籍人员	2.738	0.716	15.451***
广州市农村户籍人员	2.586	0.533	13.279***
合同签订情况			
签订合同	0.998	0.395	2.713*
定下口头协议	0.205	0.654	1.277
过去两周患病或身体不适情况			
有患病或者身体不适	1.048	0.412	2.852*
吸烟行为习惯			
有吸烟	−0.03	0.487	0.97
喝酒行为习惯			
有喝酒	−1.73	0.508	.178**
定期身体检查的行为习惯			
有定期身体检查	0.327	0.356	1.386

续表

各项	B	S.E	Exp（B）
对灵活就业人员参保制度了解程度			
不太了解	−1.95	0.597	1.42**
比较了解	0.918	0.415	2.505*
十分了解	2.516	1.125	12.379*
社会医保制度对减轻生活负担的作用			
很小，可以忽略不计	1.249	0.614	3.486*
有一定的作用	1.822	0.671	6.184**
作用很大	2.188	0.68	8.921***
参加社会医疗保险的必要性			
说不清	−0.94	0.435	0.392*
有必要	1.36	0.094	3.897*
常量	−3.295		
Cox & Snell R2	0.45		
Nagelkerke R2	0.611		

注：+p<0.10，*p<0.05，**p<0.01，***p<0.001。

三、分类树分析

为了进一步研究 Logistic 回归分析最后得出的 8 个自变量对灵活就业人员参保行为的重要性，本节采用 CART 分类树的分析方法进行补充性分析。能进入本次分类树分析的自变量是根据前面 Logistic 回归分析的结果，即将上一节产生显著影响的 10 个变量引进入分类模型。为了方便决策树的分类，将参加广州市社会医疗保险中的变量“否，不参加广州市社会医疗保险”分类为“0”，将“是，参加广州市社会医疗保险”分类为“1”。在 CART 算法的设置中，将 Gini 的系数最小值设置为 0.0001，即分类树能在生长中自动排除缺失值，同时使用“成本—复杂性测量”的方法进行剪枝。

对广州市医疗保险制度的了解程度作为对预测效果改进最大的自变量首先被用于拆分节点，并按照数值小于或等于 1.5 的标准，从总样本中拆分出了解程度低于此标准的 179 名灵活就业人员，其中有 40 名灵活就业人员参加了医疗保险。表 2.12 是对模型预测的准确性的测量，即大约会有 7.5%的案例在模型中被错分，同时模型最后获得的标准误差小于 0.02，能说明这一模型的拟合程度较好。此模型的识别正确分类数为 264 例，正确率为 88.8%。

表 2.12　分类模型识别风险

估计	标准误差
0.075	0.014

最后，如表 2.13 所示，结合分类树模型和变量标准化重要性可知，人员类型是广州市医疗保险参保行为的首要影响因素，并成为参保行为最大的影响因子。而重要性排在第二位和第三位的自变量分别是对广州市医疗保险制度的了解程度和对医疗保险制度减轻生活负担作用的认识。根据表 2.14，发现这三大因素在 Logistic 回归模型结果中是系数最大、影响最显著的变量，所以分类树分析的结果正好与 Logistic 回归分析的结论完全一致。

表 2.13　分类树模型识别正确率分类

分类	0	1	正确率
0	158	26	87.90%
1	22	94	85.00%
总计百分比	60.00%	40.00%	88.00%

表 2.14 广州市灵活就业人员参加社会医疗保险变量标准化的重要性

自变量	重要性	标准化的重要性
您是属于哪一类人员	0.124	100.0%
您对广州市医疗保险体系的缴费比例、缴费基数和保障范围等相关规定的了解程度是	0.109	87.4%
您认为社会医疗保险制度对减轻生活负担的作用是	0.078	62.5%
您认为有必要参加医疗保险吗？	0.055	44.3%
您的户籍类型	0.021	17.2%
您目前的工作是否与用人单位或雇主签订了书面劳动合同？	0.015	12.0%
您平时是否喝酒？	0.000	0.3%

注：① 增长方法为 CRT。

② 因变量为“您现在有没有参加广州市社会医疗保险”。

四、回归模型与分类树结果分析

通过 Logistic 回归分析和分类树分析的结果可知，广州市灵活就业人员人口学因素中的户籍类型、人员类型，职业因素中的合同签订情况；健康因素中的过去两周是否患病或者感觉身体不适合和喝酒情况，制度认知和认同因素中的对医疗保险制度了解程度、社会医疗制度减轻生活负担的作用、参加社会医疗保险的必要性成为广州市灵活就业人员参加广州市社会医疗保险行为的显著影响因素。对这一结果的具体分析如下：

1. 人口统计学因素的影响

人口统计学因素方面，以农村户籍为参照，城市户籍能显著提高灵活就业人员参加社会医疗保险的参保概率，城镇户籍参加社会医疗保险的发生比是农村户籍的 2.778 倍。并且，在分类树分析中的标准化重要性分析中，户籍类型成为第五大重要的影响因素。对此可能的解释为，户籍制度在改革开放以后较为宽松，大部分农村剩余劳动力流向了城市且在流动的过程中释放了人口红利。但因户籍制度在我国形成了城乡二元体制，这就使得原本只有人口登记功能的户籍制度成为政府分配公共产品和公共服务的基础性制度，所以较多农村户籍的劳动力被各种主观因素或客观因素排斥在城市社会保障体系之外。对于人员类型来说，以非广州市户籍外来务工人员为参照，广州市城镇户籍人员参加社会医疗保险的可能性是非广州市户籍外来务工人员的 15.451 倍，远远超过其他因素对参加社会医疗保险行为的影响。而广州市农村户籍人员参加医疗保险制度的发生比是非广州市户籍外来务工人员的 13.279 倍，也成了影响他们参加医疗保险的显著因素，同时在分类树变量标准化重要性分析中，人员类型成为灵活就业人员参加社会医疗保险的第一重要影响因素。对于这样的实证检验结果，可能的解释为：相对于广州市城镇户籍或农村户籍的灵活就业人员来说，外来务工人员强流动性可能会导致参保意愿的不强烈。在《广州市社会医疗保险办法》中允许非广州市户籍的灵活就业人员参加广州市社会医疗保险，但在基于强流动性特点和我国现行社会保障制度衔接不够完善的社会制度背景下，他们自愿参加广州市社会医疗保险的意愿就更低了。我国从 2010 年 7 月 1 日开始实施《流动就业人员基本医疗保障关系转移接续暂行办法》，并且规定：如果流动就业人员由于劳动关系或者其他原因终止参加工作所在地的城镇职工社会医疗保险，则可以凭参保凭证到户籍所在地的参加新型农村合作医疗。但在现实中，流动性较强的灵活就业人员往往会因为转移接续程序的复杂，而选择一次性支付的方式将社会保险的关系转移到新的工作地或转回户籍所在地，也存在着退出社会保险的可能。

2. 职业因素的影响

在职业因素中，以没有签订劳动合同为参照，签订劳动合同成为影响广州市灵活就业人员参加社会医疗保险的显著因素，通过回归数据显示签订劳动合同的灵活就业人员参加社会医疗保险的发生比是不签订劳动合同或订下口头协议的 2.713 倍。并且，根据分类树分析可知，签订劳动合同这一变量成为影响灵活就业人员参加社会医疗保险的第六大重要因素。对此可能的解释为，劳动合同的签订意味着灵活就业人员与其用人单位有正规的劳动关系，并且在我国社会保障与劳动关系存在着强相关关系的情况比较普通。这主要是指社会保障大多数依附在正规的劳动关系中，但随着国家个体经济的发展，雇主只是希望能在强烈的竞争市场中无限扩大自己的利润空间，而较少能履行其相应的社会责任，即难以保障劳动者合法权益的实现。同时，灵活就业人员劳动关系的非规范性和多样性与我国社会现行的社会保障制度之间存在不少矛盾：其一，劳动关系的多样化与社会保障管理体制之间的矛盾，即现阶段我国的社会保障体制不能完全满足劳动关系多样化发展的需求；其二，劳动力流动率和流动速度与社会保障制度覆盖面之间的矛盾，即社会保障覆盖面无法与劳动力流动协调一致（樊贵莲，2006）。综上所述，劳动合同作为一个重要的职业因素影响着灵活就业人员参加社会医疗保险。

3. 健康因素的影响

健康因素方面，以过去两周没有患病或身体不适为参照，过去两周有患病或身体不适成为灵活就业人员参加社会医疗保险的显著影响因素，并且过去两周有患病或身体不适的灵活就业人员参加社会医疗保险的发生比是 2.852。对此可能的解释为，本次调研时间主要集中在 6 月—8 月，这段时间并非流感集中爆发期，而过去两周有患病或者身体不适的灵活就业人员参加社会医疗保险的发生比高的原因可能是这部分灵活就业人员本来就存在不同程度的疾病。通过对广州市灵活就业人员的慢性病患病情况与过去这两周患病或身体不适情况的交叉分析可知，患有慢性病的灵活就业人员在过去两周患病或身体不适情况的发生概率是 55.55%，而没有慢性病的灵活就业人员在过去两周患病或身体不适情况的发生概率仅为19.12%。这就说明，选择参加社会医疗保险且在过去两周有患病或身体不适的灵活就业人员，其本身的身体健康状况并不好，所以会出现身体健康状况越不好就越倾向于选择参加社会医疗保险，同时也就说明这一变量体现了逆向选择对参保行为的影响。

在健康因素的健康行为偏好中，以没有吸烟习惯为参照，有吸烟习惯并没有成为广州市灵活就业人员参加社会医疗保险的显著影响因素，但根据所得系数的分析，吸烟行为习惯对参加社会医疗保险存在负相关的关系。对于喝酒行为习惯而言，以没有喝酒习惯为参照，喝酒行为习惯对灵活就业人员有显著影响，且有喝酒习惯的灵活就业人员参加社会医疗保险制度的发生比是没有喝酒行为习惯的 0.178 倍。根据所得系数的分析，喝酒行为习惯与广州市灵活就业人员参加社会医疗保险存在负相关的关系，并且基于分类树分析的结果显示喝酒行为习惯成为灵活就业人员参加社会医疗保险的第七大影响因素。总而言之，不吸烟或不喝酒的灵活就业人员更加倾向于参加广州市社会医疗保险，其原因可能是：随着我国社会经济发展和生态环境的变化，越来越多的人认识到健康生活方式和健康行为的重要性，而普遍认为吸烟和喝酒是不良习惯，所以较多人会选择摒弃不良的生活方式来保持身体健康，并且还会通过参加社会医疗保险或者商业保险来规避未来会发生的健康风险。同时，有吸烟或者喝酒习惯的灵活就业人员相对于没有这些行为偏好的灵活就业人员来说，他们本身对待健康风险的厌恶程度相对较低，所以就更加不愿意参加社会医疗保险。

4. 制度认知与认同因素的影响

制度认知因素方面，对灵活就业人员参保制度的了解程度成为广州市灵活就业人员参加社会医疗保险的重要影响因素。根据 Logistics 回归分析的结果可知，对参保制度不太了解这一变量对参保行为产生了负向的显著性影响，而对参保制度比较了解和十分了解这两个变量对参保行为产生了正向的显著性影响。对参保制度十分了解这一变量的参保发生比是完全不了解参保制度政策的12.379倍，并且根据分类树分析中变量标准化的重要性分析中，得知对参保制度的了解程度是影响广州市灵活就业人员参加社会医疗保险的第二大影响因素。其原因可能是：在新制度实施的阶段，制度客体对制度认识与理解的正确性，对制度的实施具有重要影响作用。洪名勇（2016）认为，制度认知是一个认识的过程，当制度客体接收到来自新制度的信息传播，制度客体可能会依据他们所在的不确定的制度环境和生活环境，有选择性地过滤对自己的生产活动和生活活动关系不大的制度信息，使得制度信息不会在制度客体的认知视野中存在。只有通过对制度的正确认知不对加深的过程，制度客体才可能会形成正确的制度行为规则，从而实现制度的真正实施（洪名勇，2016）。所以，在现实的经济社会生活中，作为“经济人”的灵活就业人员会通过制度认知的不同情况，选择使自己利益最大化的方式参加社会医疗保险。

在制度认同因素方面，以认为社会医疗保险制度对减轻生活负担没有作用为参照，认为社会医疗保险制度有减轻生活负担的作用这一变量成为广州市灵活就业人员参保的显著影响因素，其中认为社会医疗保险制度对减轻生活负担有很大作用的参保行为发生比是认为社会医疗保险对减轻生活负担没有作用的8.92倍。以参加社会医疗保险没有必要为参照，参加社会医疗保险的必要性这一变量也是广州市灵活就业人员参保的显著影响因素，其中认为参加社会医疗保险很有必要性的发生比是认为参加社会医疗保险没有必要的3.897倍。根据分类树分析的变量标准化重要性分析可知，认为参保有减轻生活负担的作用和参保的必要性这两个变量是广州市灵活就业人员参加社会医疗保险的第三大和第四大影响因素。其原因可能是：制度认同是指制度客体对制度所规定的制度参与方式、制度遵守方式等制度规范性的规定表示强烈的肯定和高度的信任，并且会将制度相关的设置内化为心理认识、外化于行为选择。当灵活就业人员对广州市社会医疗保险制度的认同程度较高时，灵活就业人员在内化对参加社会医疗保险制度肯定感之外，还会以制度中的相关规定来规范自身的行为，即主动并自愿选择参加社会医疗保险。

第四节　个案访谈分析

在对广州市灵活就业人员调查样本进行定量研究的基础上，本节主要是通过采用定性个案访谈的方式对影响广州市灵活就业人员参加社会医疗保险的制度因素进行深入剖析，力图挖掘制度在执行过程中影响灵活就业人员参保的深层次和真实的原因。访谈的对象主要是从调查问卷中选取，本次选取了 15 名已经参加问卷调查的灵活就业人员进行访谈，其问卷编号为 20、40、60、80、100、120、140、160、180、200、220、240、260、280、300。对这 15 名灵活就业人员的访谈主要是从制度选择、制度参与和制度满意这三方面了解制度对他们参加社会医疗保险的影响情况。

一、制度选择顾虑

在调研的过程中，发现部分灵活就业人员对社会医疗保险参保制度的选择存在着各种顾虑，而这些制度选择产生的顾虑也就成了影响他们参加社会医疗保险的因素。

1. 参加新型农村合作医疗的灵活就业人员对广州市社会医疗的制度顾虑

广州市将灵活就业人员纳入社会医疗保险体系有益于提高社会医疗保险制度发展的可持续性，但这一制度在发展的过程中会遇到来自体制内外的隐性竞争者。从本质上来说，灵活就业人员参加社会医疗保险是一种消费行为，而作为“经济人”的灵活就业人员会依据效用最大化的标准来选择参加的制度。

第一，缴费与待遇差异的制度顾虑。

从灵活就业人员这一政策目标群体的视角来看，如果政策不能给目标群体带来稳定的、长期的收益预期，或者政策不能在很大程度上降低灵活就业人员就医的负担，都会成为影响目标群体参加社会医疗保险的制度顾虑，同时也会成为影响政策稳定性和连续性的重要因素。对于非广州市户籍的灵活就业人员来说，新农村合作医疗是广州市医疗保险最大的隐性竞争者。新农村合作医疗的补助标准在2014年的基础上提高了60元，即达到了380元的补助标准，并且新型农村合作医疗主要是保障农户的大病和重病，其人均筹资主要分为中央财政、地方财政和个人筹资。在缴费和待遇差异的制度比较下，一名非广州市户籍的灵活就业人员说道：

“我们从身边的工友处了解到，广州市社会医疗保险的缴费是新型农村合作医疗的三倍以上，并且待遇也没有很大的差别，所以我们就根据我们自己能承受的最高经济负担选择参加河南省的新型农村合作医疗。”（访谈资料20160817NP12）

第二，异地就医结算的制度顾虑。

按照国家对异地就医结算制度推进的状况，2014年要基本实现市级统筹区内就医直接结算，同时要规范和建立省级异地就医结算平台；2015年要基本实现市级统筹区域内和省内异地住院费用直接结算，并完善国家和省级异地就业结算平台。但对于广州市来说，具有广州市户籍的居民在外地就医后可以凭借单据进行保险，但外来务工人员或随迁的老年人无法实现异地就医结算的办理，同时医疗保险的转移接续只针对有劳动能力的在职参保人。一名非广州市户籍且是有雇工的个体经营者说道：

“我这个生意是要经常在老家和广州之间跑的，并且因为生意已经上了轨道，在老家那边的时间会多些。我圈内有一个朋友就是参加了广州市医疗保险，有一次他在老家那边出了些意外，就在老家那边的三甲医院就医，想着能回广州报销的。但是最后却报不了，那如果是这样的话，我倒不如选择参加老家这边的新型农村合作医疗了。”（访谈资料 20160827NP14）

2. 选择购买商业医疗保险的灵活就业人员对广州市社会医疗的制度顾虑

随着我国老龄化速度的加快，国家医疗卫生费用支出和居民可支配收入的增长，居民对自身健康状况的关注和需求不断提高，商业医疗保险的市场仍存在着很大的发展潜力。根据相关数据分析，我国现在已有 100 多家保险公司开展商业保险的业务，商业医疗保险的产品多达 2200 多个，涵盖了疾病险、医疗险、护理险和失能收入险[1]。在我国，社会医疗保险与商业医疗保险的关系可以概括为基本险和附加险的关系，张颖等对 190 个国家的面板数据进行分析后，得出社会医疗保险对商业医疗保险产生挤出效应，即社会医疗保险制度水平每提高 1 个单位，当年的商业医疗保险水平就降低 0.038 个单位（张颖、胡炳志，2014）。以下两名灵活就业者的访谈表明逐渐完善和日益多样化的商业医疗保险成了社会医疗保险的显性竞争者，他们说道：

“我是在完全熟悉了解《广州市社会医疗保险办法》的情况下选择购买某家保险公司的意外伤害险、癌症险和另一家保险公司的人寿险。在购买保险的过程中，保险的销售员会给我一份参加险种的费用和未来收入预期报告，并且我每年还能从商业保险中能得到分红。那相对比之下，我肯定是选择商业保险的。”（访谈资料 20160618YC2）

① 调查报告：中国商业医疗保险市场潜力巨大[EB/OL].（2016-08-26）[2016-09-19] http://insurance.hexun.com/2016-08-26/185716379.html?from=rss

“电视上说撤销广州市城镇灵活就业医疗保险，改为广州市社会医疗保险的个人负担会变少，但事实上每个月我们需要缴纳的医疗保险费是从 232.2 元上涨到 277.59 元，因为社会医疗保险的缴费金额会随着社会经济水平的提高而提高。我购买了某家保险公司的意外险，因为相对来说，商业医疗保险公司是根据我的实际购买力为我制定保险计划，并且商业保险的保费不会因我个人收入的提高而上涨。”（访谈资料 20160623NC4）

二、制度参与过程情况复杂

通过本次调研，发现由于灵活就业人员对广州市社会医疗保险制度的熟悉程度不同而导致存在着多种制度参与方式。其中，部分灵活就业人员不了解社会医疗保险的相关规定，这就让部分服务型公司通过选择钻制度的“漏洞”挣取参保人员的“人头费”。除此之外，还有一部分灵活就业人员由于制度宣传不到位导致参保信心减弱或放弃参保。总体来说，灵活就业人员的制度参与情况呈现出复杂的特点。

1. 制度参与方式多样

随着我国市场经济开放程度的不断扩大，个体、私营等各种形式的非公有制经济成了国家及各地区经济的重要组成部分。在调研过程中，发现存在着专门为灵活就业人员解决参保问题的人力资源公司，这些公司主要是通过将灵活就业人员的社保关系挂靠在自己公司的方式解决他们的参保问题。当然灵活就业人员也需要为这样的参保方式付出更多的成本，但是对于他们来说，通过这种方式转变劳动关系后能以最低的成本参加最为全面的社会保障。一名非广州市户籍且是有雇工的个体经营者说道：

“我都不了解广州市对非广州市户籍的人员参加社会医疗保险的规定，因为我是外地人，我们都不知道去哪里参保、去哪里交资料、去哪里交钱。在我们的圈子里知道能通过一些服务型的公司帮助我们参保，而且能拿到属于自己的个人医疗账户。然后，我只是向一家人力资源公司提交了我的营业执照、纳税的相关执照，其他事务的办理、排队缴费这些就不需要我们去做了。对于我们来说，通过这家人力资源公司的服务，我们能参加到最为全面的广州市社会医疗保险。最后，我们圈里的人通过一些途径了解到，按照我们这样的情况参加广州市社会保险，只是缴纳904.99元，而通过这个人力资源公司缴纳的就多交了150元，但不管怎么样，我们就是不想那么麻烦，所以也愿意多交这150元的人头费。”（访谈资料20160827NP15）

2. 制度宣传不到位导致参保信心减弱

在制度的过渡期，最重要的是要对新制度进行宣传，特别是要对制度涉及的群体进行宣传。通过宣传，能在提高灵活就业人员对社会医疗保险制度认知程度的前提下，提高灵活就业人员对社会保险的认同程度，或者提高他们对参加社会医疗保险的信心。但在访谈的过程中了解到，广州市相关的电视媒体或网站对制度变更的报道只针对广州市户籍的灵活就业人员，并未涉及非广州市户籍人员。因此，部分非广州市户籍的灵活就业人员在详细了解政策后对广州市社会医疗保险失去了参保的信心，最后选择放弃参加广州市社会医疗保险。有两名灵活就业者说道：

“我知道广州市要将灵活就业人员纳入医疗保险体系，在珠江频道的新闻中听说参保人员每个月最低负担216.06元和最高负担278.78元。当我到白云区的地税局了解后，工作人员告诉我，非广州市户籍且无雇工的个体经营者参加广州市社会保险每个月需要缴纳900多元，这就不像新闻上所说的了。那我倒不如回乡下参加村里边的新农村合作医疗。”（访谈资料20160705NP7）

“我还想着参加社会医疗保险能为雇员减轻生活负担且降低员工的高流动性，但是在天河区的地税局了解到，雇主为雇员参加社会医疗保险时每个月需要为员工缴纳 726.73 的社会保险费用。这比为灵活就业人员购买商业医疗保险或补贴他们参加新型农村合作医疗的成本都要高。无奈之下，我就以集体的方式为员工购买了某家商业保险的医疗健康险。”（访谈资料 20160623NC4）

三、制度满意情况参差不齐

政策实施对象在政策过渡期对新政策执行的满意度是参差不齐的，理论上来说，能通过新政策得到利益保护的灵活就业人员对制度是满意的，而部分未能通过新政策来保护自己利益或使参保成本提高的灵活就业人员会对新制度表现出不满意的态度。事实上，个案访谈的结果显示，新制度能释放部分灵活就业人员的选择权，但是部分灵活就业人员却觉得新制度的相关设置阻碍了社会的公平，甚至影响了社会医疗保险覆盖率的提高。

1. 制度释放了部分灵活就业人员的选择权

根据《广州市社会医疗保险办法》的规定，已经参加广州市城镇灵活就业人员基本医疗保险且具有广州市户籍的灵活就业人员，可以根据自身的经济情况和健康状况，在 2015 年 9 月 30 日之前选择参加广州市职工社会医疗保险或城乡居民医疗保险。如果灵活就业人员选择参加广州市职工社会医疗保险，相关政府部门会对他们的社会医疗保险进行自动变更，但选择参加城乡居民医疗保险就需要到户籍所在地变更参保制度。在这样的制度设计下，对广州市社会医疗保险制度熟悉程度较高且具有广州市户籍的灵活就业人员来说，他们拥有了自主选择的权利，即使是广州市农村户籍的灵活就业人员也能选择以个人形式参加广州市职工社会医疗保险。一名广州市户籍的灵活就业人员说道：

“我对广州市社会医疗保险最满意的地方就是能完全释放公民的选择权，我觉得这是我国的民主在进步。通过对比职工社会医疗保险和城乡居民医疗保险的缴费制度、待遇享受制度，我根据自己的收入和身体情况，选择参加城乡居民医疗保险。”（访谈

资料 20160615YC1）

2. 捆绑性参保且缴费标准过高

在对访谈资料的整理过程中发现，非广州市户籍的灵活就业人员对广州市社会医疗保险制度的满意度比较低，并且他们还觉得制度的设置存在着户籍歧视。根据对制度的了解，对于非广州市户籍的灵活就业人员来说，以个人形式参加医疗保险面临着捆绑参加养老保险的政策限制，而以集体的形式参加社会医疗保险的缴费标准过高，使得部分有雇工的个体经营者、无雇工的个体经营者和受雇于他人的灵活就业人员对参保望尘莫及。社保缴费可能转嫁给员工，是社会保障制度影响企业劳动力需求的主要机制；当劳动供给缺乏弹性、劳动力需求弹性较大时，企业社保缴费在很大程度上将以降低工资的形式转嫁给员工（封进，2019）。对于政策的实施过程，一名非广州市户籍的灵活就业人员说道：

“个体经营者的收入比正规大型私营企业或微型公司低，但在参加社会医疗保险的缴费设置中又与他们的标准一致，这就大大压缩了个体经营者的利润空间。我经营的是一间有 4 名员工的早餐店，如果要为全部员工参保的话，我一个月在社保上的支出就是 3800 多元，再加上房租、水电和其他的经营成本，那就处于等待倒闭的状态了。所以，我还是选择不为员工参保了，平时如果他们生病了就给他们病假。”（访谈资料 20160629NC6）

根据《中华人民共和国劳动法》的相关规定，用人单位和劳动者必须参加社会保险和缴纳社会保险费，但在访谈中发现有雇工的个体经营者除了不为员工参保或购买商业保险之外，会存在着以现金补贴的方式代替为员工参加社会保险的现象。这样的方式降低了社会医疗保险的覆盖率，但广州市并未制定关于个体经营者不为员工参加社会保险的行政处罚令。一名受雇于个体经营者的灵活就业人员说道：

“我们老板之前在开会的时候和我们说，因为店的资质不够不能为我们参加广州市社会医疗保险，所以每个月都会在工资的基础上给我们 200 元现金作为保险补贴。其实我们都知道并不是店的资质不够不能参保，而是我们这样的小店承担不起为我们缴纳的那部分社会保险费。但是老板这样的行为得不到相关部门的处罚，而我们又不会和老板‘撕破脸皮’，所以就只能接受这 200 元的现金补贴。这至少比没有好吧。”（访谈资料 20160709NP9）

可以发现，捆绑性参保且参保缴费标准过高等缺乏灵活性的社会医疗保险制度，是广州市较多个体经营者不愿为其员工参加社会医疗保险的重要影响因素。

第三章　养老金与农村老年人的劳动参与

相对于城市来说，农村缺乏完善的退休制度。退休在我国是一种职业状态，而农业由于生产程度低、社会分工不足等，并没有细分出职业（郑雄飞，2020）。2009 年发布的《国务院关于开展新型农村社会养老保险试点的指导意见》是我国历史上首次建立农村居民社会养老保障制度，标志着我国农村社会养老进入了一个新阶段。我国一直致力于改善农村老年人的社会养老水平，通过提高养老保障水平，改善农村老年人的社会福利，减轻劳动负担。2014 年，新型农村社会养老保险（简称新农保）和城镇居民养老保险（简称城居保）实现并轨。2015 年，我国首次统一提高全国城乡居民养老保险基础养老金最低标准。农村社会养老保险作为退休制度中的一个重要部分，对缓解农村老年人的劳动负担具有重要意义。

由于农村劳动力外流，传统农村养老模式被打破，农村缺乏完善的退休制度，农村社会养老保险起步较晚，在新农保出台之前，我国农村老年人一直处于"无休止劳动"状态。因此，劳动参与决策、劳动参与时间可以作为农村养老效果的表现之一。我国老龄人口会越来越多，年轻劳动力外流已成为趋势，发展农村退休制度仍有很长的路要走，目前完善社会养老制度非常必要。显然，研究农村的社会养老保险对农村老年人劳动决策、劳动时间的影响具有重要性。

美国是最先研究老年劳动者劳动参与率下降影响因素的国家。随着世界各国人口老龄化不断加剧，养老金财政负担不断加重，劳动参与率下降，在国际上引起了养老保障对劳动力参与的探讨。但是对于我国的农村来说，由于历史、经济发展等原因，我国老年人并未能有选择性地退出或参加劳动，延长劳动成为农村老年人普遍存在的现状。新农保作为一项开启我国农村养老保障新篇章的制度，发展至今已超过十年，随着新农保基本实现全覆盖，新农保与城居保合并之后，基础养老金调整机制也逐渐显现，一些发达地区的新农保缴费档次个体化特征越来越明显，农村老年人领取养老金差异逐渐增大。因此，研究新农保养老金收入是否有助于减少我国农村老年人劳动更具有时代意义。

我国的养老保险制度是指国家和社会依据一定的法律和法规，为保障劳动者在达到国家规定的解除劳动义务的劳动年龄界限，或因年老丧失劳动能力退出劳动岗位后的基本生活而建立的社会保险制度。在 2014 年之前，我国的养老保险体制有四种类型：企业职工养老保险、机关事业单位养老保险、城镇居民养老保险和新型农村社会养老保险。2014 年之后，城镇居民养老保险和新型农村社会养老保险合并为城乡居民养老保险。本研究主要研究新型农村社会养老保险。

新型农村社会养老保险是由政府组织实施的，以保障农村居民年老时的基本生活为目的，逐步解决农村老年人老有所养的问题，促进社会持续发展，其基本原则是“保基本，广覆盖，有弹性，可持续”。根据 2009 年《国务院关于开展新型农村社会养老保险试点的指导意见》，新农保主要由两部分组成：保险基金的来源和养老金待遇的资金构成。新农保基金主要来源于个人缴费、集体补助、政府补贴，其中中央财政主要补贴新农保基础养老金部分，对于中、西部地区政府予以全额补贴，对于东部地区仅补贴 50%，其余由东部地方政府支付。个人按照当地政府所出台的政策，选择适合自己的缴费档次进行缴费，最低 100 元，最高可达 3000 元。集体补助并非强制，中央鼓励有条件的村集体对参保人缴费予以补助。养老金待遇是由基础养老金和个人账户养老金组成的，在 2015 年以前中央确定的基础养老金为每人每月 55 元，但有些经济发达地区的基础养老金远超于 55 元。个人账户来源于多种渠道，主要包括个人缴费、地方政府对参保人的补贴、集体补助，由于我国农村的特殊性，村民个人账户还可以接受外界资助，如社会公益组织、其他经济组织和个人对参保人的资助。个人账户养老金的月计发标准为个人账户总额除以 139。这样一种保险制度既保障了农村老年人最低的养老水平，又让个人依据具体情况有充分选择的余地，而且在某种程度上减轻了农村老年人的劳动负担。

国际上对老年人的定义不一样，《中华人民共和国老年人权益保障法》第 2 条规定，老年人的年龄起点标准是 60 周岁，即凡年满 60 周岁的中华人民共和国公民都属于老年人。根据《国务院关于开展新型农村社会养老保险试点的指导意见》，年满 60 周岁、未享受城镇职工基本养老保险待遇的农村户籍老年人，可以按月领取养老金。因此，本研究所讲的老年人是指年满 60 周岁、拥有农村户籍的个体。

第一节　农村老年人劳动参与与新农保发展现状

一、农村老年人劳动参与分析

如图 3.1 所示，根据第六次人口普查的数据显示，60 岁及以上的农村老年人的劳动参与率为 41.15%，其中 60—64 岁农村老年人劳动参与率高达 65.74%，而且农村男性老年人劳动参与率远高于女性。根据《中国城乡老年人生活状况调查报告（2018）》数据显示，2015 年我国仍有超过 80%的老年人从事农业劳动，他们主要通过非正式支持获取工作，在劳动生产链中处于低端位置。2015 年，农村 60 岁及以上老年人的劳动参与率为 39.22%，其中 60—64 岁的农村老年人劳动参与率高达 61.61%。而城镇 60 岁及以上老年人劳动参与率 22.76%，农村老年人劳动参与率比城镇老年人的劳动参与率高 16.46%。2015 年与 2010 年相比，60 岁及以上农村老年人的劳动参与率仅下降 1.93%，60—64 岁农村老年人的劳动参与率下降 4.13%。虽然到了 2015 年农村老年人的劳动参与率有所下降，但下降比率并不明显。本杰明等（Benjamin et al.，2003）利用我国健康营养调查在 20 世纪 90 年代的三期面板数据，进行 OLS、Ⅳ分析，发现我国农村老年人存在“无休止劳动”的现象（Ceaseless Toil），即使是到了 70 岁，依然保持劳动状态。

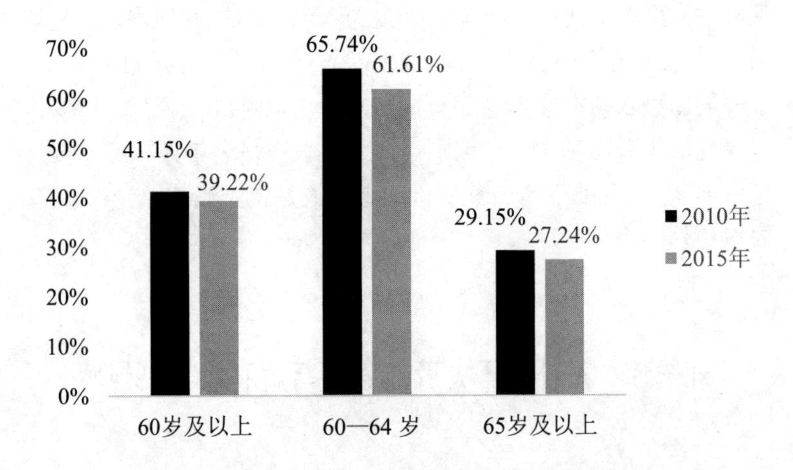

图 3.1 2010 年、2015 年农村老年人劳动参与率

数据来源：第六次人口普查、《中国城乡老年人生活状况调查报告（2018）》。

已有研究发现，老年人参与劳动的动机主要来源于经济压力和社会参与（张文娟，2010）。在农村地区，老年人由于文化程度低、经济贫困，通过延长劳动缓解经济压力的现象比城镇地区更为明显。由此可见，农村老年人出于家庭理性和对经济利益的考虑，选择继续劳动，并非传统认知中的“习惯性劳动”（姜向群、刘妮娜，2013）。随着城市化进程的加快，农村年轻劳动者外出工作已经成为普遍现象。在子女外出打工的社会背景下，老年人通过继续劳动，以期增加家庭收入。虽然子女外出打工对农村老年人的经济支持总体上升，但其经济供养水平边际效应低，未能增加老年人的闲暇时间（郑晓冬等，2019），而年轻子女外流又使得老年人再次成为农村家庭中的劳动主力。

由于我国农业现代化水平不高，农业生产是一项非常消耗体力的劳动，由于农村老年人受教育水平较低，即使进行非农业生产，其劳动强度也是非常大的。老年人继续从事劳动，容易造成身体劳损，降低晚年生活质量。从养老资源供给的来源来看，我国农村老年人主要有三种基本养老方式：家庭养老、劳动自养、社会养老。在新农保还没建立的时候，八成农村老年人依靠农业生产或其他副业进行自养（叶敬忠等，2009）。随着市场经济快速发展，我国农村的家庭结构正在趋于小型化，家庭的养老功能逐渐弱化，农村老年人劳动自养的程度未能得到缓解。2009 年新农保出台，2014 年新农保与城居保合并，农村养老保险不断完善，农村养老金对农村老年人劳动参与的影响效应成为学界探讨的热点话题。

二、农村老年人收入状况分析

如图 3.2 所示，根据 2010 年第六次人口普查数据，全国 60 岁及以上农村老年人的收入来源与城市、乡镇的老年人相比，农村老年人的收入来源主要是劳动收入和家庭成员供养。其中，有 41.18%的农村老年人主要依靠劳动收入维持生活，分别比城市劳动老年人、乡镇老年人劳动收入占比高 34.57%、18.91%。即使是在 65 岁及以上的农村老年人中，也有 28.49%将劳动收入作为主要生活来源，该比例远高于 60 岁及以上城市、乡镇老年人劳动收入占比。而在养老金方面，仅有4.60%的农村老年人以退休养老金为主要收入来源，这主要是由2010年我国养老金在农村的覆盖率比较低造成的。

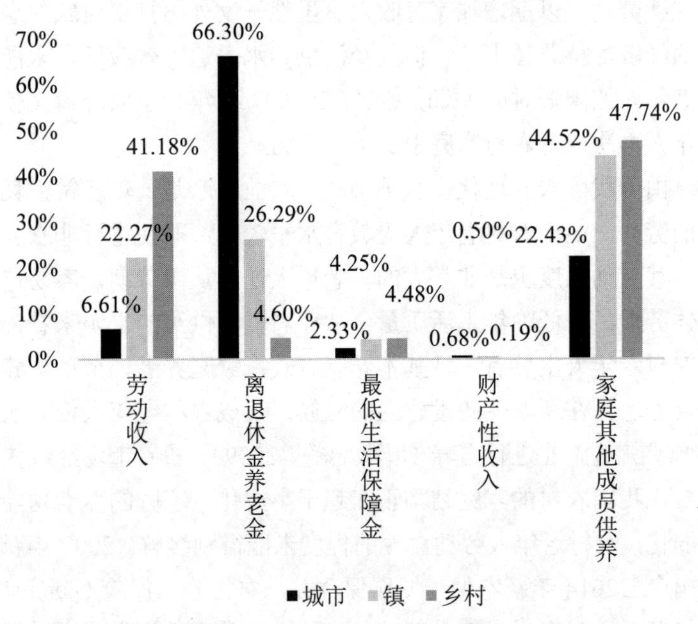

图3.2　我国60岁及以上老年人生活来源比例

数据来源：第六次人口普查。

如图3.3所示，到2014年，在我国城市老年人收入中，79.4%为保障性收入，3.8%为资产性收入，9.8%为经营性收入，6.9%为转移性收入。城市老年人收入来源依然以保障性收入为主，通过劳动等方式创收的比例非常低。而在我国农村老年人的收入中，保障性收入仅占36%；经营性收入比例较大，达到39%；转移性收入为19%；资产性收入6%。我国农村老年人劳动经营收入和保障性收入占比大，两者占总收入75%，但仍以经营性收入为主，即以劳动收入为主。

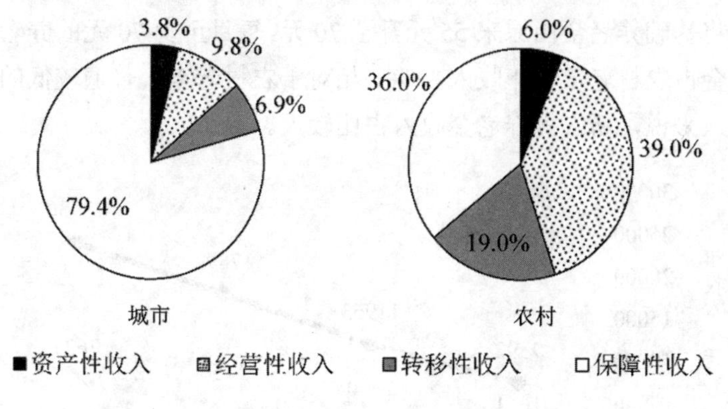

图 3.3　2014 年城市老年人、农村老年人收入结构

数据来源：2015 年第四次中国城乡老年人生活状况抽样调查数据。

随着我国城市化发展，大部分的农村年轻人流向城镇，老年人留守在农村。为了扩大收入，大部分的农村家庭形成了一种新的模式——以代际分工为基础的半工半耕的家计模式（贺雪峰，2015），即年轻子女进城务工或经商，老年人留在农村务农。在这样一种家庭模式下，原本老年人依靠的两种收入来源变成了一种，即劳动收入，农村老年人的养老问题成为社会关注的焦点。显然，对于我国农村老年人来说，退休是一件非常遥远的事情，农村老年人甚至处于“无休止劳动”的状态。而这种延长劳动参与的行为一般是基于生理和安全需求，因此在农村劳动力向城市转移、农村家庭养老功能弱化、人们物质生活水平普遍提高的背景下，社会保障体系是支撑农村老年人安享晚年的物质和心理基础，特别是对于经济水平低的老年人来说。

如图 3.4 所示，根据《中国城乡老年人生活状况调查报告（2018）》数据显示，2014 年我国农村老年人平均年收入为 7621 元，虽然相对于 2010 年来说上涨了 1.6 倍，但是与 2014 年城市老年人年收入差了 16309 元，农村老年人与城市老年人收入差距大，且收入水平整体较低。2014 年，新农保与城居保合并，国务院将基础养老金由原来 55 元升至 70 元，每月至少 70 元的养老保险金占农村老年人年收入 11%。相对于农村老年人普遍较低的年收入来说，新农保养老金收入占比较大。

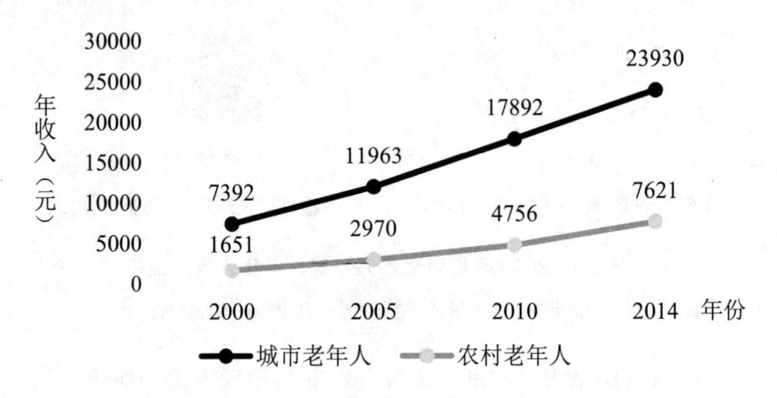

图 3.4　2014 年城乡老年人收入水平情况

数据来源：《中国城乡老年人生活状况调查报告（2018）》。

三、新型农村社会养老保险发展状况

2009 年国务院出台《国务院关于开展新型农村社会养老保险试点的指导意见》（简称《意见》），迈出了我国农村居民养老保障的第一步，标志着我国农村居民养老进入新的篇章。根据《意见》，年满 60 周岁、未享受城镇职工基本养老保险待遇的农村户籍老年人，可以按月领取养老金，由此看出新型农村养老保险具有明显的普惠性。此外，个人还可以根据自身的实际情况选择不同的年缴费档次，体现了差异性。2014 年，新型农村养老保险和城镇居民养老保险实现并轨，但城乡居民养老保险制度依然实行个人缴费、集体补助、政府补贴相结合的筹资模式，养老金支付也依然是由个人账户养老金和政府承担的基础养老金两部分组成，两者具有制度的相似性。

我国一直致力于改善农村老年人的社会养老水平，通过提高养老保障水平，改善农村老年人的社会福利，减轻劳动负担。2015年，我国第一次提高了城乡居民养老保险基础养老金最低标准，基础养老金最低标准从每人每月55元提高至每人每月70元，上涨了27.3%。2018年，印发了《关于2018年提高全国城乡居民基本养老保险基础养老金最低标准的通知》(简称《通知》)。根据《通知》，全国城乡居民基本养老保险基础养老金最低标准继续提高，由原来每人每月70元提高至每人每月88元，比2015年上升了25.7%。

由图3.5可知，2010年至2015年，我国新农保基金收入呈不断上升的趋势，2010年新农保基金收入为453亿元，2015年为2855亿元，5年间增加了6.3倍，说明新农保的覆盖率高。与此同时，我国新农保基金支出2010年为253亿元，2015年为2117亿元，上涨了8.4倍，这说明我国农村居民养老保障水平不断提高。但是也应该注意到，我国新农保基金盈余在2011年至2012年间增长率最大，达到41%，此后基金盈余增长有限甚至出现了负增长，这在某种程度上说明新农保基金运行压力越来越大。

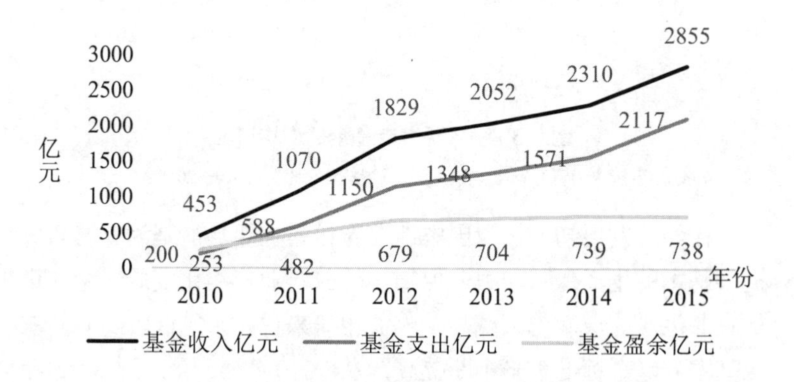

图3.5　新农保养老基金收支情况

数据来源：《人力资源与社会保障事业发展统计公报》(2010—2015)。

在个人缴费以及养老金收入方面，从图 3.6 可以看到，2010 年至 2015 年人均养老金年收入不断增长，从 698.6 元增长到 1430.4 元。根据 2015 年全国 1%抽样调查数据显示，2014 年全国农村老年人的人均年收入为 7621 元，而人均新农保养老金年收入为 1097.6，约占农村老年人年总收入 14.4%，说明新农保养老金能够在一定程度缓解老年人收入少的状况。但我们也应注意到，新农保人均缴费的增长率并没有随养老保障水平的提高而提高，其增长率一直较低。除了在新农保初始节点，人均缴费超过 300 元之外，其他年份人均缴费均未能超过 200，也就是说现在农村居民养老保障收益大于成本，而且农村居民缴费的整体积极性不大。

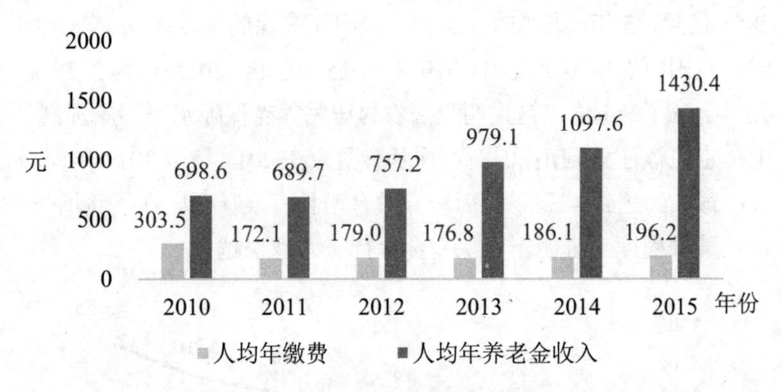

图 3.6　新农保养老基金的人均情况

数据来源：《人力资源与社会保障事业发展统计公报》（2010—2015）。

在经济发展初期，我国农地在农村的主要功能是为农村居民提供基本的生活保障和失业保障。随着农业集约化发展，个体进行农业生产的成本越来越高，收益相对来说越来越低。随着新农保基本养老金标准水平不断提高，从 2010 年 55 元，到 2015 年 70 元，且部分地区调整缴费档次、个人获取养老金水平远超于基本养老金标准。李琴等研究得出，新农保能够促使农村土地流转

（李琴、杨松涛、张同龙，2019）。新农保养老金在一定程度上能够放松农村老年劳动者的收入约束，使农村老年劳动者增加农业闲暇时间，减少农业劳动时间。从这个角度看，新农保能够替代部分土地保障功能，降低农村老年人的农业劳动时间。

随着以代际分工为基础的半工半耕的家计模式普遍化，农村年轻人外出务工成为常态。农村老年人不仅需要照顾年轻子女的下一代，还要再次承担起劳动主力的角色。农村老年人进行农业劳动时间相对于家庭平均农业劳动时间来说，平均高出 0.9 倍（李琴、郑晶，2010）。年轻外出务工子女由于受教育程度较低，工资水平不高，再加上需要支付在城市的生活花销和下一代的教育费用，对农村老年人经济供养的能力低。农村老年人养老收入来源由主要以劳动收入、子女经济支持为主，变成以劳动收入为主、以子女经济支持为辅。在新农保能够减少农村老年人农业劳动时间的前提下，老年人不得不选择将增加的闲暇时间进行收益更高的非农劳动。但是由于目前我国新农保养老金水平仍较低，对老年人的农业劳动时间影响程度有限，因此新农保养老金对老年人非农劳动的替代效应更弱，甚至可能只有吸引作用。

第二节　养老金与劳动力参与

一般情况下，人们选择青年时就业，壮年时进行工作积累，老年时退出劳动力市场。但是，由于存在收入、健康状况和购买保险等差异，人们在进行退休的选择时会面临不同的偏好。早期关于退休行为的研究采用的是单期劳动—闲暇模型，即各个时间节点上的决策在当期内完成，互不影响。退休被定义为完全退出劳动力市场，个人的总效用取决于各期的劳动—闲暇组合，而个体对劳动与闲暇的分配取决于工资率的改变所引起的收入效应和替代效应。但是由于劳动—闲暇模型并没有考虑个体差异，如保险、健康等，因此对于养老金制度对老年劳动供给的效应研究缺乏指导意义。安多等（Albert Ando & Franco Modigliani，1963）的生命周期模型是许多学者研究最佳退休时间的模型，生命周期模型是在劳动—闲暇模型的基础上发展而来的。该模型认为在一定时间内，个体的消费并不受当期收入的影响，而是由个人一生的劳动收入所决定的。由此，个体会在工作期间进行储蓄，用来维持退休后的生活，从而达到消费平滑。社会保险通过影响收入，进而影响个体储蓄。

拉斯特（John Rust）在前人的经验下，考虑到个体的动态效用，加入了更多的变量，形成了劳动供给的动态规划模型。动态规划模型是在充分考虑不完全市场、政府对老年退休的政策变动与医疗保险对个体未来收入预期的情况下，根据设置不同参数值观察养老金制度对个体退休决策的影响（Rust，1997）。在动态规划模型中，拉斯特假设个人依据国家政策、个人经济状况等条件和个人偏好决定是否进行全职工作、减少劳动供给或者完全退出劳动力市场。其中，个体退休决策主要取决于三个方面：不同时期的贴现率、个体效用和个体做出退休决定的概率。个体效用函数是指国家政策、个人决策对个人的效用影响，是未被研究者所观察到的个人偏好。

综合以上研究，我们大概可以总结出养老保险对劳动参与的影响机制。养老保险作为一种额外的收入，对劳动供给的影响主要体现在收入效应和替代效应上。收入效应其中之一的表现为养老保险金的存在放松了个体预算收入约束，使个体变得相对富有，在获得相同效用的情况下，行为主体会增加闲暇时间，减少劳动时间。替代效应其中之一的表现为：养老金收入可以进行人力资源投资，提高劳动生产率，获得更高的工资报酬，使单位时间内的时间价格更高，增加行为主体的劳动时间，以获得更高劳动报酬。

对于缴纳养老金的劳动者来说，随着我国社会保障制度改革，养老金缴费扣除劳动者一定比例的收入，从而减少劳动者当期收入。在这种情况下，养老保险费的缴纳对于劳动者劳动与闲暇时间分配的影响主要取决于收入效应和替代效应的大小。一方面从替代效应来看，养老金的缴纳减少了劳动者的当期收入，降低工资率，在效用水平、其他条件不变的情况下，劳动者偏向减少劳动时间，增加闲暇时间以期获得与未缴费时的相同效用，养老金的缴纳会减低劳动者的劳动积极性。另一方面从收入效应来看，养老金费用在一定程度上减少了劳动者的净收入，使得劳动者的工资率下降，单位时间内边际替代率变小，缴费者不得不通过增加劳动时间，减少闲暇时间，弥补因缴费而损失的劳动者收入，此时的个体效用已发生改变。

如图 3.7 所示，对于替代效应来说，在不需要缴纳养老金时，其预算约束曲线为 L1，与无差异效用曲线 U1 的焦点为 a，此时劳动时间为 HE。当需要缴纳养老金时，工资率变小，在保证效用不变的情况下，与无差异效用曲线的交点为 b，此时劳动时间为 HD，由 a 点移动到 b 点，劳动时间减少了 DE，显然替代效应在此具有负向作用。对于收入效应来说，由于缴纳养老金对于劳动者来说劳动收入被减少，因此 b 点移动到 c 点，可以看作工资率不变即预算约束曲线为 L2，劳动收入减少，与无差异效用曲线 U2 的交点为 c，在该点上劳动时间为 HF，而 b 的劳动时间为 HD，收入效应的结果使劳动时间增加了 DF。此时，收入效应对劳动供给具有正向作用。由于，缴纳养老金对劳动者同时产生替代效应和收入效应，即 a 点向 c 点移动实际可分解为两个方向，替代效应减少劳动供给时间 DE，收入效应增加劳动供给时间 DF，在两种效应的共同作用下劳动供给增加了 EF。在本例分析中，缴纳养老金对劳动供给的最终影响是劳动时间增加、闲暇时间减少。

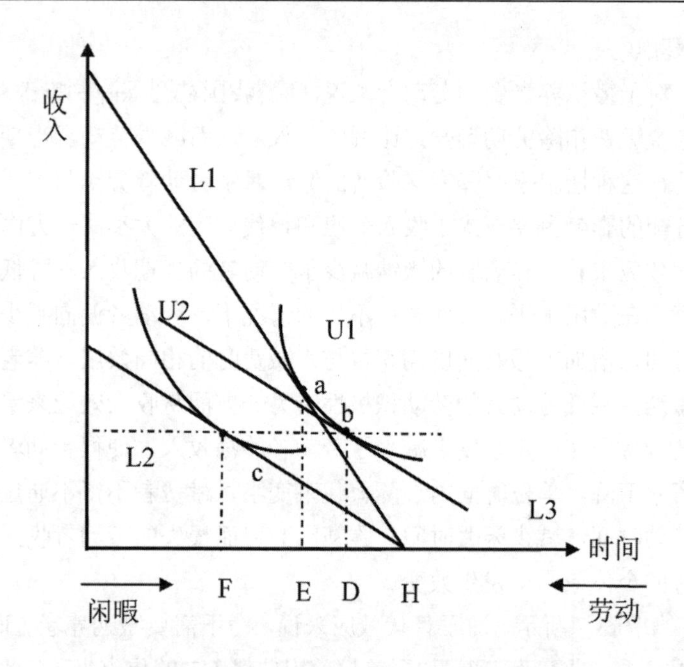

图 3.7 养老保险缴费对劳动供给的影响

如图 3.8 所示，对于领取养老金的劳动者来说，他们达到退休年龄之后能够每月按时领取养老金，由于这笔资金不需要退休的老年人通过劳动获得，因此我们可以将其看作退休老年人的非劳动收入。对于替代效应来说，假设劳动者工作时预算约束线为 L1，与效用 U1 焦点为 a，其劳动时间为 HN，闲暇时间为 ON；当老年人退休获得养老金时，在非全职工作的状态下，其预算约束线为 L2，在相同的效用下，与 U1 的焦点为 c，其劳动时间为 HM，闲暇时间为 OM。由此可见，在替代效应下，领取养老金的老年劳动者会增加 MN 闲暇时间。由于有养老金收入这笔非劳动收入的存在，当非劳动收入增加时，使得非全职工作状态下的预算约束曲线向右平行移动到 L3（图 3.7），在不同效用下，与无差异效用曲线 U2 交点为 b，此时的劳动时间为 QH，闲暇时间为

OQ。由于领取养老金对老年劳动者同时产生替代效应和收入效应，a 点向 c 点移动，替代效应下闲暇时间减少了 MN，c 点向 b 点移动，收入效应下闲暇时间增加了 MQ，在两种效应的作用下，闲暇时间增加 NQ。在本例分析中，领取养老金对劳动供给的影响是减少劳动供给时间、增减闲暇时间。

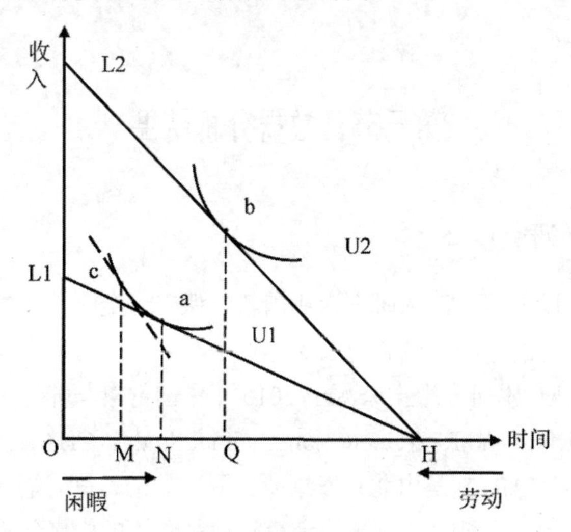

图 3.8　领取养老保险对劳动供给的影响

养老保险通过替代效应和收入效应两者相互作用影响养老保险参加者、领取者，但是替代效应和收入效应并不是一成不变的，不可一概而论。它可能会出现多种情况，比如替代效应和收入效应相互抵消；收入效应大于替代效应，劳动供给减少；收入效应小于替代效应，劳动供给增加等情况。因此需要通过实际分析，研究养老保险对退休老年人的劳动供给决策的影响。

在理论上，国外关于养老保险对于劳动参与的影响的相关理论发展较为成熟，在收入效应和替代效应的影响下，现有的大多数理论研究表明养老保险金的收入效应大于替代效应，养老保险对劳动供给具有显著的负向影响作用。我国的养老保险体制可分成四个层面：企业职工养老保险、机关事业单位养老保险、城镇居民养老保险和新型农村社会养老保险。那么我国的新型农村社会养老保险对老年人的劳动决策收入效应是否也会大于替代效应？本研究将在收入效应的理论基础上，论证新农保对老年人的劳动决策影响。

第三节 数据分析结果

一、研究设计

基于以上理论，本研究为我国新农保养老金收入对农村老年人劳动参与的影响，检验新农保养老金对老年人劳动参与是否显现收入效应。本研究数据来源于 2015 年中国健康与养老追踪调查（China Health and Retirement Longitudinal Study，CHARLS）的微观数据。CHARLS 是由北京发展研究院主导的，每间隔两年追踪一次的全国家户调查，其主要调查对象是我国的中老年人。该调查旨在收集一套代表我国 45 岁及以上中老年人家庭和个人的高质量微观数据。CHARLS 以中老年人为调查对象，拥有全国代表性的大型家户调查数据，其丰富的个人和家户数据，可以为分析我国老龄人口、劳动经济、社会保障等相关议题提供数据支撑。2015 年的 CHARLS 调查覆盖了全国 28 个省、自治区、直辖市的 150 个县、450 个社区（村），总计 1.24 万户家庭、2.3 万名受访者。

根据《国务院关于开展新型农村社会养老保险试点的指导意见》规定，年满 60 周岁、未享受城镇职工基本养老保险待遇的农村户籍老年人可按月领取新型农村养老保险金，因此本研究的研究对象是 60 岁及以上且已经领取新型农村养老保险金的老年人，在此基础上，从年龄、领取养老金数额等方面对调查数据进行筛选，通过现实情况剔除异常值、删除某些关键信息的缺失值，比如劳动时间、养老金数额等。经过数据处理后，最终得到农村老年人有效样本3086个，其中男性样本占比为49.3%，女性样本占比50.7%。新农保和城居保虽然在2014年合并，但制度设计没有发生改变。由于本研究用的是2015年CHARLS的数据，城乡居民养老保险2014年的并轨时间间隔非常短，因此新农保的数据应该依然能够在较大程度上代表农村居民社会养老的实际情况。

1. 变量选择

为了更好地研究新型农村养老保险金对老年人劳动行为的影响，本研究建立劳动参与决策模型和劳动时间模型。劳动参与决策模型主要解释影响农村老年人参与农业劳动决策 LP^{a}、参与非农业劳动决策 LP^{na} 的因素，劳动时间模型主要尝试解释新农保养老金对农村老年人的农业劳动时间 LT^{a}、非农业劳动时间 LT^{na} 的影响。通过上述理论分析、文献研究，总结了影响老年人劳动参与差异的重要因素主要包括养老金收入、性别、健康、受教育程度、婚姻状况、个人财产、家庭财产、是否具有其他养老保险等。由于我国新农保较为特殊，地区变量也有可能对农村老年人养老金收入影响较大。因此，本研究将从核心变量、个人特征变量、家庭变量、地区变量进行讨论。变量选取具体如下：

第一，因变量。一共设立四个因变量，两个为二分类变量，两个为连续变量。其中，两个二分类变量分别为农村老年人是否参与农业劳动、是否参与非农业劳动，若参与则赋值为1，反之为0，即研究在获得新农保养老金收入后，农村老年人的劳动参与意愿是否会发生改变。两个连续变量分别为农村老年人农业劳动时间、农村老年人非农业劳动时间。在CHARLS的问卷中，工作情况分为农业打工、自家农业生产活动、受雇、非农自雇、为家庭经营活动帮工。本研究将农业打工、自家农业生产活动归为农业劳动，将受雇、非农自雇、为家庭经营活动帮工归为非农业劳动。在上述各项的问题中，受访者需回答工作月数、天数及小时数。由于农业劳动具有季节性、不稳定性，为了得到更准确的劳动时间，在统计农村老年人劳动时间上采用天数作为单位。结果得出，农村老年人年劳动天数最多为336天，已经领取新农保养老保险金的农村老年人年劳动天数平均约为92天。

第二，核心解释变量。本研究为新型农村养老保险对老年人的劳动参与影响，因此本研究剔除了城镇居民养老保险、职工养老保险的样本。农村老年人每月领取的新型农村养老保险金额为核心解释变量，虽然2015年人力资源社会保障部、财政部发布5号文件，提高城乡居民基础养老保障金，即从55元提高至70元，但考虑到政策下移的时间性，并结合CHARLS的采访日期，本研究筛选新农保养老金的最低数额依然为55元。根据全国各地区出台的具体政策，除北京外，在新农保基本养老金最高的上海，2012年新农保基础养老金标准为370元，2014年每人每月增加到470元。考虑到数据的具体分布，新农保最高值为450元。

第三，控制变量。控制变量主要分为三个部分，分别是个人特征变量、家庭特征变量和地区变量。其中，个人特征变量包括年龄、年龄平方、受教育程度、性别、婚姻状况、居住安排、日常生活活动能力。这里需要注意的是本研究为了让数据分析更接近现实情况，在衡量农村老年人的健康方面，采用量化的日常生活活动能力（ADL）指标作为健康状况的判断标准。ADL的测量包括“您现在跑或慢跑1公里，有困难吗？”“您连续不停地爬几层楼，有困难吗？”等9个问题，其中每个问题对应4个不同的选项，分别是没有困难、有困难但仍可以完成、需要帮助和无法完成。本研究将选项编码为0、1、2、3，没有困难选项为0分，有困难但仍可以完成为1分，以此类推。总值为27分，ADL分数越高，表明身体越差。

家庭特征变量包括子女数、孙子女数、个人财产状况、家庭土地亩数、家庭农业工具价值和是否具有其他养老保险。地区变量根据我国经济特征划分的区域进行界定，分为东部、中部、西部，这是因为国家新农保基础养老金对地方补贴也与东、中、西部的划分相关。依据国务院印发的《基本公共服务领域中央与地方共同财政事权和支出责任划分改革方案》，中央与地方均承担基础养老金补贴责任，在中央确定的基础养老金标准的部分，中央对第一档和第二档的地区进行全额补贴，其他地区中央补贴50％。中央政府根据地区经济发展程度以及财力状况，具体的分档办法如表3.1所示。

表3.1　中央与地方城乡养老保险财政事权与责任划分

档次	地区
第一档	包括内蒙古、广西、重庆、四川、贵州、云南、西藏、陕西、甘肃、青海、宁夏、新疆
第二档	包括河北、山西、吉林、黑龙江、安徽、江西、河南、湖北、湖南、海南
第三档	包括辽宁、福建、山东
第四档	包括天津、江苏、浙江、广东4个省（市）和大连、宁波、厦门、青岛、深圳5个计划单列市
第五档	包括北京、上海2个直辖市

从表3.2可以看出，在样本中，农村老年人年龄分布主要集中在60岁至80岁，农村老年人的平均教育程度为小学；女性与男性几乎各占50％；在婚姻状况方面，更多为有婚姻伴侣或者同居的农村老年人。农村老年人的日常生活活动能力平均值为5分，表明样本中大多数农村老年人的日常生活活动能力强，健康状态良好。

表 3.2　变量定义及描述性统计

变量名		变量名含义	均值	标准差	最小值	最大值
被解释变量	参与农业劳动	是否参与农业劳动，1为是，0为否	0.556	0.497	0	1
	参与非农业劳动	是否参与非农业劳动，1为是，0为否	0.164	0.371	0	1
	从事农业劳动时间	年劳动天数	92.731	119.988	0	336
	从事非农业劳动时间	年劳动天数	32.708	88.066	0	336
解释变量	养老金收入（月）	连续变量	83.378	49.956	55	450
个人特征变量	年龄（岁）	连续变量	67.213	5.104	60	80
	年龄平方	连续变量	4543.616	703.305	3600	6400
	受教育程度	分类变量，1＝从未受过教育，2＝小学教育，3＝初中教育及以上	1.923	0.735	1	3
	性别	1＝男性，0＝女性	0.499	0.5	0	1
	婚姻状况	是否有婚姻伴侣，1＝有婚姻伴侣或同居，0＝离异获从未结婚	0.823	0.381	0	1
	居住安排	是否与子女同住，1＝与子女同住，0＝不与子女同住	0.075	0.264	0	1
	日常生活活动能力	连续变量	4.998	5.232	0	27

续表

变量名		变量名含义	均值	标准差	最小值	最大值
财产及家庭特征变量	子女数	连续变量	3.267	1.747	0	10
	孙子女数	连续变量	1.589	2.093	0	15
	个人财产	连续变量	2370.097	4019.503	20	20400
	子女经济支持	连续变量	1655.836	2469.758	0	10000
	土地亩数	连续变量	3.712	3.632	0	18
	农业工具价值	连续变量	550.056	12830.340	0	700000
	其他养老保险	是否有其他养老保险，1＝有其他养老保险，0＝没有其他养老保险	0.068	0.252	0	1
地区变量	东部地区	东部＝1，其他＝0	0	1	0.33	0.47
	中部地区	中部＝1，其他＝0	0	1	0.36	0.48
	西部地区	西部＝1，其他＝0	0	1	0.31	0.464

2. 数据基本情况

第一，不同特征的农村老年人劳动供给差异显著。从表 3.3 中可以看到，男性无论在农业劳动还是在非农业劳动中，其劳动参与率、劳动参与天数均高于女性。在劳动参与率方面，男性参加农业劳动、非农业劳动比女性高出 12.81%、14.34%。在年劳动供给天数方面，男性的农业劳动天数比女性多 27.66 天，男性的非农业劳动天数远多于女性（多 53.22 天）。一方面大概是因为男性与女性的农村角色分工不同，另一方面也许是男性与女性之间体格差异所导致。在年龄上，农业劳动参与率、非农业劳动参与率随着年龄增长而减少，但在具体劳动时间供给上存在拐点，农业劳动天数和非农业劳动天数最多的并不是 60—64 岁，而是 65—70 岁。在地区方面，农业劳动参与率自东向西逐渐增大，非农业劳动参与率自东向西逐渐减少，西部地区主要以农业为主，其农村老年人农业劳动天数最多；东部地区非农业、家庭经营等机会比中部、西部更多，其农村老年人非农劳动天数位居第一。

表 3.3 农村老年人劳动特征

特征		农业劳动参与率	非农业劳动参与率	农业劳动天数	非农业劳动天数
性别	男	62.41%	23.73%	198.48	91.58
	女	49.60%	9.39%	170.82	38.36
年龄	60—64岁	64.67%	23.88%	162.89	132.3
	65—70岁	56.77%	15.51%	167.2	133.5
	71岁及以上	24.08%	14.14%	163.73	82.67
地区	东部	49.95%	23.27%	156.76	204.58
	中部	55.42%	15.17%	148.61	190.01
	西部	62.72%	10.78%	192.03	199.84

第二，不同养老保险金收入的农村老年人劳动供给情况存在差异。本研究依据 2015 年全国新型农村养老保险金的最低标准、各地的平均标准，将农村老年人养老金月收入水平分为三个层次，分别为 55—99 元、100—149 元、150 元及以上。从表 3.4 中可以看出，随着养老金水平的升高，农业劳动参与率、农业劳动天数逐渐下降，说明新农保养老金能够在一定程度上减少农村老年人的农业劳动行为及劳动时间。而新农保养老金在非农劳动参与率以及劳动天数上，并没有呈现出较为明显的规律，在一定程度上说明新农保养老金对农村老年人非农劳动参与影响并不显著，此结果有待后面的模型进一步验证。

表 3.4 不同养老金月收入水平老年人的劳动特征

养老金月收入水平	农业劳动参与率	非农业劳动参与率	农业劳动天数	非农业劳动天数
55—99元	56.56%	15.64%	167.46	193.43
100—149元	55.37%	22.07%	165.76	209.19
150元及以上	47.2%	18.22%	162.06	234.56

本研究使用 STATA 15 对所有回归模型进行分析，通过建立四个模型，即农村老年人农业劳动参与决策模型、非农业劳动参与决策模型、农村老年人农业劳动时间模型、非农业劳动时间模型，深入探讨研究新农保养老金对农村老年人劳动参与的影响。在估计劳动参与决策方面，因为被解释变量为二元变量，即是否进行农业劳动（LP^{a}）、是否进行非农业劳动（LP^{na}），所以采用 Probit 模型进行回归分析。在估计劳动时间方面，本研究首先采用 Tobit 模型对新农保养老金与农业劳动时间、非农业劳动时间进行回归分析，但是由于 Tobit 对分布的依赖性较强，扰动项需要服从正态分布且同方差，否则估计不准确，因此必须进行异方差。遗憾的是，本研究的 Tobit 模型均未通过异方差检验。在遇到扰动项不服从正态分布或存在异方差的情况下，本研究使用更为稳健的 CLAD 估计法。CLAD 估计法即使数据在非正态分布或存在异方差的情况下，也能够得到一致的结果。以上两种估计方法是似然估计的范畴，如果出现似然函数不收敛的情况应使用“两部分模型”。该模型允许不同解释变量出现在第一阶段的 Probit 二值选择模型及第二阶段的截断回归模型中，即首先用相关变量估计农村老年人是否进行劳动，然后对于进行劳动的农村老年人，用新农保养老金收入估计其对农村老年人劳动时间的影响程度。

二、劳动参与决策分析

本部分利用 Probit 模型，对农村老年人的农业劳动参与决策、非农业劳动参与决策进行估计，估计结果如表 3.5 所示。这两个模型 Prob＞chi2＝0.00，意味着模型运行结果总体而言统计是显著的。其中，核心解释变量以及大部分解释变量的系数符号与预期结果相符合，可以较好地解释对我国农村老年人劳动参与行为的影响。从表中的结果可以看出，影响农村老年人做出农业劳动决策和非农业劳动决策的因素存在较大差异。

表 3.5 各项因素对农村老年人劳动决策的影响

各项因素	probit（LP^{a}）	probit（LP^{na}）
养老金收入（月）	−0.001**	0.0005
	（0.0002）	（0.0004）
年龄（岁）	0.376***	−0.346*
	（0.146）	（0.194）
年龄平方	−0.003***	0.002
	（0.001）	（0.001）
教育	−0.202***	0.181***
	（0.039）	（0.045）
性别	0.3***	0.462***
	（0.06）	（0.073）
婚姻状况	0.151*	−0.065
	（0.084）	（0.111）
居住安排	−0.206*	0.063
	（0.123）	（0.158）
ADL	−0.068***	−0.057***
	（0.005）	（0.009）
子女数	−0.001*	−0.007
	（0.018）	（0.023）
孙子女数	0.03**	−0.013
	（0.016）	（0.019）
个人财产	−0.0009	0.0003***
	（0.0001）	0.0001
子女经济支持	−0.0003	−0.0002
	0.0003	0.0001
土地亩数	0.03***	−0.022**
	（0.007）	（0.008）
农业工具价值	−0.0001	−0.0003
	0.0002	0.0016

续表

各项因素	probit（LP^{na}）	probit（LP^{a}）
其他养老金	−0.032	0.085
	（0.119）	（0.13）
东部地区	—	—
中部地区	0.01	-0.29^{***}
	（0.069）	（0.083）
西部地区	0.319^{***}	-0.476^{***}
	（0.069）	（0.087）

注：括号内的数字为稳健标准误；* $p<0.05$，** $p<0.01$，*** $p<0.001$。

在核心变量新农保养老金收入方面，在控制了年龄、地区、日常生活活动能力等变量的情况下，新农保养老金收入对农村老年人农业劳动参与决策呈显著负相关，即随着新农保养老金增加，农村老年人参与农业劳动的意愿会降低，说明新农保养老金能够在一定程度上缓解农村老年人的农业劳动负担。而新农保养老金收入与农村老年人参加非农劳动呈正相关性但不显著，一方面说明新农保制度的目标是广覆盖、保基本，对于个体的补助标准水平较低，适用于农业劳动；另一方面说明新农保养老金收入对农村老年人非农劳动具有一定的吸引作用，但由于非农业劳动比农业劳动收入效益更高，而相对于非农劳动边际效益来说，新农保养老金收入水平较低，因此新农保收入对农村老年人非农劳动参与的影响并不显著。

在农业劳动决策方面，从总体来看，年龄、教育、婚姻状况、性别、健康状况对农村老年人农业劳动参与意愿有显著影响。年轻、受教育程度较低、有婚姻伴侣、日常生活活动能力强的男性农村老年人参加农业劳动的意愿更加强烈，这可能与劳动能力及劳动可选择范围相关。在农村劳动能力越强的老年人，参与农业劳动的概率就越大，由于大多数农村老年人文化程度不高，不得不选择从事农业劳动。居住安排、子女数、孙子女数对农村老年人也有显著影响，与子女同住、子女较多的老年人参与农业劳动的概率低于不与子女同住、子女较少的老年人。居住安排主要与老年人养老方式有关，农村老年人的养老模式主要是家庭养老，家庭养老的老年人由于主要依靠子女进行经济输入，劳动压力减轻，老年人参与农业劳动的意愿降低。虽然农村年轻人经济供养水平普遍不高，但是子女数越多的老年人，通过经济供养叠加，在一定程度上影响老年人参与农业劳动的概率，但影响程度较低。这点从子女经济支持变量对农村老年人农业劳动参与呈负相关但不显著上可以得到证明。拥有土地亩数越多的老年人参与农业劳动的概率越大，这也可以通过地区对老年人农业劳动参与决策的影响得到验证。以东部地区为参照，由东往西，老年人参与农业劳动的概率增大并且更加显著。

但是，从表 3.5 中还可以看到，个人财产、子女经济支持、其他养老金对农村老年人劳动参与意愿的影响并不显著。正如前文分析，农村老年人收入来源结构单一、收入水平低，其个人财产对农业劳动参与决策的影响作用并不明显。有较多研究结果显示，虽然农村大部分年轻子女会选择出城务工，但由于他们受教育水平低，工资水平不高，而且还要支付城市生活成本，致使农村年轻子女经济供养能力低，因此子女经济支持对农村老年人农业劳动参与决策的影响并不显著。其他养老金对老年人农业劳动参与决策的影响并不显著，这可能是因为我国农村养老保险主要以新农保为主，大部分农村居民并不会自主选择养老保险项目进行购买。

基于以上分析，由于受教育水平低、个人财产收入有限，农村老年人经济状况较差。虽然农村子女外出打工能够增加家庭收入，但是他们供养老人的经济能力不高，农村老年人普遍承受较大的经济压力和劳动压力。因此，活动能力强、长时间不与子女同住的老年人选择继续参加活动，以缓解经济方面的压力。随着物价上涨，农业集约化生产，个体农业生产成本高、收益低。新农保养老金通过增加农村老年人的年收入，放宽老年人农业收入的预算约束，使获得养老金收入的老年人可以选择不从事农业劳动。

在农村老年人非农业劳动参与决策中，年龄、教育、性别、日常生活活动能力指数有显著影响，说明年纪相对小的、活动能力强的、具有较高受教育水平的男性老年人参与非农劳动的意愿更强烈。个人财产、土地亩数、地区对农村老年人参与非农劳动的概率也有显著影响，土地亩数越多，非农劳动参与的概率越低，说明拥有土地面积多的老年人，从事农业生产意愿会更加强烈，从而减少了非农生产。在地区影响中，从东到西，老年人参与非农劳动的概率逐渐降低，这与地区的经济发展有关。个人财产与非农劳动参与意愿呈正相关且显著，非农劳动收入大于农业劳动收入，理性的农户会偏向于选择从事非农劳动（句芳、高明华、张正河，2008）。在非农劳动参与中，子女数量、子女经济支持对老年人非农劳动参与均没有显著影响，这说明随着农村青壮年劳动者的外流，农村家庭养老模式逐渐弱化，子女经济供养能力不足。

新农保养老金收入对老年人非农劳动参与呈正相关，但影响不显著，这表明在新农保养老金放松农村老年人农业收入约束的同时，老年人可能会利用农业闲暇时间参与非农劳动，但这种吸引作用并不显著。由于老年人参与非农劳动的期待收益更高，目前我国新农保的养老水平不足以起到放松参与非农劳动的收入约束的作用。

三、劳动参与时间分析

在计量分析中，劳动时间模型分别以已领取新农保养老金的农村老年人的农业劳动时间（LT^a）、非农业劳动时间（LT^{na}）为被解释变量进行估计，由于以上两个解释变量数据分布差异较大，对农业劳动时间的估计分别使用最小二乘法、Tobit、CLAD 三种方法进行比较，对非农业劳动时间的估计分别使用 Tobit、Two-Part 两种方法进行对比。

1. 农业劳动时间模型回归结果

农村老年人劳动时间受到新农保养老金收入、年龄、性别、教育、土地、其他养老金等因素的影响。回归（1）采用的是最小二乘法，回归（2）采用 Tobit 回归模型，解决劳动时间左归并的问题。在这种情况下，用 OLS 来估计，不能得到一致的估计结果。但 Tobit 模型的一个缺陷是对分布的依赖性很强，不够稳健，要求扰动项服从正态分布或同方差，否则 QMLE 估计就不一致，因此检验异方差性是 Tobit 回归必不可少的一个步骤。为了解决这个问题，回归（3）使用相对来说更为稳健的“归并最小绝对离差法”（CLAD），CLAD 估计法即使在非正态与异方差的情况下也能得到一致的估计结果。Wooldrige（2010）指出，如果 Tobit 模型的设定正确，比如满足正态性与同方差性，则 CLAD 与 Tobit 的估计结果应该相差不多。从这个角度来看，下表中 CLAD 模型在重复 50 次、95%置信区间下的估计结果，其与 Tobit 结果相差较大，而且 Tobit 并未通过异方差检验，故可以认为 Tobit 模型的设定有误，本研究在农业劳动时间估计中倾向于使用 CLAD 模型。

估计结果如表 3.6 所示，新农保养老金收入通过了显著性检验，估计得到的边际效应为负，说明在控制了个人特征、家庭特征、地区变量的情况下，每月养老金的收入水平与农村老年人的农业劳动时间呈负相关关系。从边际效应来看，新农保养老保险金月收入每增加 10 元，农村老年人的年农业劳动时间将减少 3.21 天。养老金作为放松预算约束的一项转移支付，一般情况下能够起到促使劳动者用闲暇替代劳动的作用，这样一种激励作用称为收入效应。对于农村老年人来说，每月新农保收入从一定程度上相对放松了农村老年人在农业劳动方面的收入约束，从而促使农村老年劳动者在原有的劳动计划中增加闲暇时间。

从总体来看，年龄对农村老年人农业劳动影响的边际效应小，在同样的日常生活活动能力前提下，老年人每增长一岁，农业劳动时间减少 0.5 天，由此也可以说明我国农村老年人存在“无休止劳动”的现象。受教育程度越高，农村老年人的农业劳动时间越少，从边际效应上看，完成初中教育及以上比完成小学教育、完成小学教育比未完成小学教育的农村老年人的年农业劳动时间少约 35 天。受教育水平不同，劳动状况差距明显，究其原因，受教育水平不同会导致社会经济状况不同。男性老年人比女性老年人年劳动时间多出一个半月，农村男性老年人劳动负担远大于女性，这启示我们应该关注农村男性老年人身体健康问题。在地区变量中，地区对农村老年人年农业劳动时间具有显著影响，东部地区、中部地区、西部地区，从东往西依次增加 26.6 天。在完善农村居民养老保险制度时，要考虑地区所导致老年人劳动负担的差异。

居住安排与农村老年人农业劳动时间呈负相关关系，即与子女同住比不与子女同住的农村老年人年劳动时间少 24 天。是否与子女同住对老年人农业劳动时间影响边际效应大，说明家庭养老能够大大减轻老年人劳动负担。贺雪峰提出我国农村地区形成了“以代际分工为基础的半工半耕”的家计模式，也就是说，对于一个普通农民家庭来说，年轻子女进城务工经商，年老的父母留下务农，以此为家庭增收（贺雪峰，2015）。随着青壮年劳动力外流，家庭养老功能逐渐减弱。通过本研究的计量分析也可以得到证明，子女数对减少老年人劳动时间的边际效应较小，每增加一个子女，老年人年农业劳动时间仅减少 3 天。同时，年轻子女外出打工，老年人往往要承担照顾下一代的责任，孙子女每增加一个，老年人年劳动时间则增加3天。此外，子女经济支持对老年人年农业劳动时间的影响也不显著，说明年轻子女对老年人经济供养不足，养老金收入的边际效应甚至远超过子女经济支持的边际效应，家庭养老功能弱。

以上分析说明，我国家庭养老功能变弱，子女经济供养不足，老年人存在无休止劳动现象，新农保制度的完善能够在一定程度上发挥社会养老的作用。本研究分析数据表明，新农保养老金能够显著降低农村老年人年农业劳动时间，新农保养老金月收入每增加10元，老年人年农业劳动时间减少3.21天。但因为目前新农保养老金水平仍然不高，所以新农保养老金收入对农村老年人农业劳动时间影响的边际效应，与家庭养老对老年人农业劳动时间影响的边际效应相比更小。随着社会的发展，农村老年人对养老的需求更高，保基本的目标是不是应该有所改变？我国应该尽快完善农村居民养老保障制度，逐步完善个人账户，提高农村居民养老保障水平。

表3.6 各项因素对农村老年人农业劳动时间的影响

各项因素	Reg（1）	Tobit（2）	CLAD（3）
	农业劳动时间	农业劳动时间	农业劳动时间
养老金收入（月）	-0.139^{**}	-0.283^{**}	-0.321^{***}
	（0.0477）	（0.102）	（0.0885）
年龄	15.48	57.81^{*}	69.30^{***}
	（12.11）	（23.04）	（15.53）
年龄平方	−0.127	-0.456^{**}	-0.535^{***}
	（0.0877）	（0.169）	（0.115）
教育程度	-17.65^{***}	-32.87^{***}	-35.11^{***}
	（3.404）	（5.877）	（3.499）
性别	15.80^{**}	31.51^{***}	48.12^{***}
	（5.382）	（9.028）	（5.058）

续表

各项因素	Reg（1）	Tobit（2）	CLAD（3）
	农业劳动时间	农业劳动时间	农业劳动时间
婚姻	11.75	23.36	13.28
	（7.505）	（13.54）	（7.501）
居住安排	−16	−30.64	−24.19*
	（10.1）	（19.38）	（10.95）
日常生活活动能力	−3.847***	−9.690***	−3.602***
	（0.407）	（0.867）	（0.567）
子女数	0.731	0.926	−3.028*
	（1.546）	（2.689）	（1.463）
孙子女数	2.239	4.122	2.492*
	（1.403）	（2.301）	（1.255）
个人财产	−0.0002	−0.0002	−0.002**
	（0.0006）	（0.001）	（0.0006）
子女经济支持	0.0007	0.002	−0.001
	（0.001）	（0.002）	（0.001）
土地	2.267**	5.545***	5.547***
	（0.695）	（1.116）	（0.573）
农业工具价值	−0.0001	−0.0003	0.002
	（0.00007）	（0.0002）	（0.001）
其他养老保险	−4.46	−7.145	−3.932
	（10.74）	（17.64）	（10.8）
地区	—	—	26.64***
	—	—	（2.861）
中部地区	−5.209	−1.922	—
	（5.791）	（10.36）	—
西部地区	39.39***	63.93***	—
	（6.285）	（10.4）	—

续表

各项因素	Reg（1）	Tobit（2）	CLAD（3）
	农业劳动时间	农业劳动时间	农业劳动时间
常数	−342.6	−1731.6*	−2179.4***
	（416）	（783.8）	（523.9）
样本数量	2357	2357	1587

注：OLS、Tobit 模型括号里面为稳健标准误，* p<0.05，** p<0.01，*** p<0.001。

2. 非农劳动时间模型回归结果

农村老年人的劳动活动除了农业劳动之外，还有非农劳动，比如受雇于某一单位、非农自雇或者家庭经营活动帮工，本研究将以上三种情况归类为非农劳动。那么，新农保养老金收入对农村老年人非农劳动时间的影响与对农业劳动时间的影响是否存在差异？

为了进一步分析新农保养老金收入对农村老年人非农劳动时间的影响，首先尝试使用 Tobit 模型，检验其扰动项的异方差性，发现 Tobit 模型存在较严重的异方差问题，因而改用 CLAD 方法回归。由于数据性质使得 CLAD 模型不能收敛到最优解，从而无法求解变量的系数。在分析新农保养老金收入对农村老年人非农劳动时间的影响时，采用两部分模型（Two-Part model），先用 Probit 模型考虑农村老年人非农劳动的参与决策，即研究中变量是否影响农村老年人做出非农业劳动的决策；再用校验标准误的最小二乘法回归，考察新农保养老金收入等变量如何影响农村老年人的非农业劳动时间。

在表 3.7 中，非农业劳动时间的 Tobit 模型和两部分模型的估计结果差异较大，由于在问卷中农村老年人非农业劳动时间大于 0 的受访者较少，样本量较小，而且 Tobit 模型并未能通过扰动项异方差性检验。考虑以上问题，认为两部分模型估计结果更能反映新农保养老金收入对农村老年人非农业劳动时间的影响。

（1）非农劳动参与决策

从两部分模型中，非农劳动参与决策的回归结果可以看到，影响老年人非农劳动参与决策的主要因素与前文 Probit 模型的分析结果基本一致。新农保养老金收入对老年人非农劳动参与呈正相关，但影响不显著。在农村老年人非农业劳动参与决策中，教育、性别、日常生活活动能力指数对老年人非农业参与有显著影响，说明劳动能力强且具有较高文化水平的农村老年人参与非农劳动的意愿更加强烈。个人财产、土地亩数、地区对农村老年人参与非农劳动也有显著影响。非农劳动的收入大于农业劳动收入，拥有个人财产的理性的农户会更偏向于从事非农劳动（句芳等，2008）。土地亩数越多，老年人参与非农劳动的概率越低。东部地区的老年人比中、西部地区老年人从事非农劳动的意愿更强烈。

（2）参与者非农劳动时间的特征

在农村老年人的非农劳动时间大于 0 的情况下，即针对已参加非农劳动的老年人，探究新农保养老金收入对农村老年人非农劳动时间的影响。由非农劳动时间的回归结果可知，新农保养老金收入具有正向影响，但未通过显著性检验，说明新农保养老金收入在 95%的置信区间内，对劳动时间没有显著影响。养老保险对劳动参与具有两种效应：一是收入效应，即养老保险放宽劳动者收入约束，促使劳动者用闲暇时间替代劳动时间；二是替代效应，即养老金收入提高了劳动参与的工资率，使得劳动者用更多闲暇时间进行劳动，以获得更高的报酬。而在非农劳动参与决策中，由于我国新农保养老金缴纳基数小，水平较低，并未能使新农保养老金收入起到养老保险的替代效应或收入效应。这与我国对于新农保的定位有关，目前我国新农保的定位是广覆盖、保基本，而农业劳动是农民的基本任务。新农保养老金对于老年人的农业劳动时间产生巨大影响作用，证明我国新农保是有效果的。但是，如果要提升新农保的保障效果，让农村老年人从劳动中解脱出来，仍需要进一步提高老年人新农保养老金的收入水平。

如表 3.7 所示，影响老年人年非农业劳动时间的主要因素是年龄、受教育程度，即相对年轻的老年劳动者的非农劳动时间更多，受教育程度越高的老年人的非农劳动时间越长，完成初中及以上教育的农村老年人比完成小学教育的农村老年人的年非农劳动时间多 21 天。这可能是因为受教育程度与工资率相关，受教育程度越高，工资率越高，获得的收入就会越高。而居住安排、子女数、家庭财产、子女经济支持对老年人非农劳动时间的影响均不显著，这说明农村老年人家庭养老水平普遍不高，即使新农保养老金能够减少老年人农业劳动时间，但由于农村老年人的家庭社会经济状况差，老年人仍然要充当劳动力量。近年来，虽然农村年轻子女的总收入因出城务工而有所提高，但对父母经济供养水平低，这一点也可以从子女数对老年人非农劳动时间没有显著影响上得到验证，农村老年人劳动负担加大。由以上分析可知，新农保养老金激励农村老年人退出农业劳动市场，但由于非农劳动单位报酬较农业劳动来说更高，农村老年人可能会选择利用闲暇时间进行非农业劳动。因为我国新农保单位养老保障水平未能超过非农劳动单位报酬，所以对非农劳动具有一定的吸引作用，但影响不显著。

表 3.7 各项因素对农村老年人非农劳动时间的影响

各项因素	Tobit模型	两部分模型	
	非农劳动时间回归结果	非农劳动参与决策的回归结果	非农劳动时间的回归结果
养老金收入（月）	0.009	0.001	0.105
	（0.005）	（0.0007）	（0.1）
年龄	−2.388	−0.33	83.66*
	（1.478）	（0.199）	（36.81）

续表

各项因素	Tobit模型	两部分模型	
	非农劳动时间回归结果	非农劳动参与决策的回归结果	非农劳动时间的回归结果
年龄平方	0.0146	0.00203	−0.599*
	（0.011）	（0.001）	（0.271）
教育程度	1.278***	0.161**	21.69*
	（0.372）	（0.05）	（9.501）
性别	3.546***	0.473***	−10.67
	（0.552）	（0.075）	（15.23）
婚姻	−0.227	−0.053	17.99
	（0.871）	（0.112）	（23.15）
居住安排	0.971	0.083	13.02
	（1.231）	（0.161）	（30.24）
日常生活活动能力	−0.440***	−0.0564***	0.847
	（0.065）	（0.009）	（2.127）
子女数	−0.0122	−0.00299	−1.069
	（0.178）	（0.024）	（3.921）
孙子女数	−0.0917	−0.0132	2.561
	（0.154）	（0.02）	（3.845）
个人财产	0.0002***	0.00003***	−0.0008
	（0.0001）	（0.00001）	（0.001）
子女经济支持	−0.000224	−0.0000278	−0.00126
	（0.0001）	（0.00002）	（0.003）
土地	−0.194*	−0.0253*	−2.334
	（0.081）	（0.011）	（1.816）
农业工具价值	−0.000297	−0.0000301	−0.0144
	（0.0002）	（0.00002）	（0.011）
其他养老保险	−0.0152	0.0463	−31.17
	（0.933）	（0.131）	（23.56）

续表

各项因素	Tobit模型	两部分模型	
	非农劳动时间回归结果	非农劳动参与决策的回归结果	非农劳动时间的回归结果
中部地区	-1.958^{**}	-0.274^{**}	3.52
	（0.63）	（0.085）	（15.62）
西部地区	-3.373^{***}	-0.474^{***}	10.98
	（0.66）	（0.09）	（16.84）
常数	85.61	11.89	-2755.3^{*}
	（49.98）	（6.752）	（1241.5）
N	2357	361	362
	—	PseudoR2 = 0.157	R-squared = 0.064

注：括号内的数字为稳健标准误；* p<0.05，** p<0.01，*** p<0.001。

基于以上分析，新农保养老金收入能够降低我国老年人农业劳动参与率，以及有效减少农村老年人农业劳动时间，但对非农业劳动参与率及劳动时间方面的影响不显著，说明该制度激励农村老年人退出农业劳动市场，在减轻农民农业劳动负担的同时，可能会在一定程度上促使农村老年人增加非农业劳动时间，这是该制度产生的额外影响，同时也说明市场经济在农村的深入影响。从我国目前农村老年人的劳动参与率及劳动时间现状来说，为了提高我国农村老年人的社会福利，解决老年人长时间劳动的问题，我国新农保养老金水平有待进一步提高，关于农村居民的养老保险制度有待完善。

（3）不同地区新农保养老金收入对农村老年人劳动时间的影响

我国新型农村养老保险主要由两个过程组成：一是“进口”，指新农保养老金的资金来源。新农保基金主要由个人缴费、集体补助、政府补贴构成，政府补贴新农保基础养老金部分，个人按照地方政府相关规定选择适合个人情况的档次缴费，该笔缴费会成为个人账户中的一部分。同时，国家倡导有条件的村集体对个人缴费进行补助，这类情况在东部地区集体经济发达的行政村较为常见。二是“出口”，即养老金待遇的资金构成。养老金待遇资金由基础养老金和个人账户养老金组成，其中基础养老金在2015年以前中央确定的标准为每人每月55元；个人账户主要由个人缴费、补贴、资助三部分构成，除了个人缴费、政府或村集体补贴之外，个人账户还可以接受来自其他组织和个人的资助，但这部分目前并不普遍，个人账户养老金的月计发标准为个人账户全部储存额除以139。由此可见，新农保养老金主要组成部分除了中央规定的基础养老金之外，还可能来源于地方政府补贴、集体补助、个人、社会组织资助等。因此，老年人获得新农保养老金是有差异的，这种差异主要来自地区经济发展程度差异、个体缴费差异、集体经济补助差异。

在地区差异方面，2012年上海的新农保基础养老金标准为370元，2014年在新农保已有基础养老金上每人每月增加100元，2014年新农保和城居保合并，上海城乡居民基本养老保险个人缴费标准设为12个档次，分别是每年500元、700元、900元、1100元、1300元、1500元、1700元、1900元、2100元、2300元、2800元、3300元，其中基础养老金的计发标准为540元。2014年天津市出台《天津市城乡居民基本养老保险实施办法》，该办法将居民缴费标准设定为10个档次，最低为每年600元，最高为3300元；天津市的每人每月基础养老金为220元，2015年则增加到277元。2014年广东省出台《广东省城乡居民基本养老保险实施办法》，将最低缴费标准设为每年120元，最高则为3600元，一共分10个档次；广东省基础养老金标准为每人每月65元，而当时国家规定标准为每人每月55元。广东省各市的基础养老金标准不同于省政府制定的标准，比如珠海市缴费标准为每人每月60元、100元、120元3个档次，政府对参保人给予缴费补贴，补贴标准为个人缴费额的65%，基础养老金为每人每月330元。深圳市规定，领取养老金的参保人具有本市户籍不满 8 周年的，基础养老金为每月 240 元；具有本市户籍满 8 周年的，基础养老金为每月 360 元。2014 年《浙江省人民政府关于进一步完善城乡居民基本养老保险制度的意见》规定，全省基础养老金标准为每人每月 100 元，2015 年调整为每人每月 120 元。贵州省、湖北省、河南省等一些中部地区省份基本上参照中央下发的标准执行，2014 年最低缴费档次为 100 元，基础标准养老金为 55 元，2015 年提升到 70 元。西部地区的新农保养老金对农村老年人补助比中部地区更高，如 2015 年内蒙古自治区每月基础养老金发放为 70 元，对 70 岁以上老年人每月增加 10 元；2014 年新疆维吾尔自治区每月基础养老金为 100 元。

在集体补助方面，在我国东部地区的一些富裕村中，由于集体经济发达，村民可从集体经济的成果中分取红利，而且等到村民退休时，村委会会对村里老年人的养老金进行补助，显著提高老年人的养老金水平。无锡市前洲镇西塘村是我国的富裕村之一，是 20 世纪 80 年代江苏省第一个亿元村。2012 年，西塘村的非职工老年人到了退休年龄，每人每月可得 2000 元以上养老金。浙江省宁波市奉化区滕头村，用集体经济开发旅游资源，村委财政富裕，2012 年村里 60 岁以上的老年人每人每年的养老金就已经达到了 6000 元以上[①]。但由于大部分的农村经济能力较弱，以上的补助属于特殊值，在统计过程中是需要剔除的。

虽然 2014 年城居保和新农保合并，但大部分的地方政府是在 2015 年之后出台具体的实施细则的。本研究所利用的数据为 CHARLS 2015 年数据，与建立城乡居民养老保险的时间节点较为接近，但由于地方制定政策具有时间差，因此，本研究数据不详细区分城乡居民养老保险和新农保。由表 3.8 可见，东部地区农

① 资料来源于人民网，http://finance.people.com.cn/GB/17730140.html。

村老年人养老金月收入平均值约为143元，比中部地区高出约64元，比西部地区高出约49元，在东部地区统计样本中，85元为众数。虽然部分东部地区农村居民基础养老金基数较高、个人缴费档次高，但在CHARLS 2015年收集的数据中显示，仍有大部分农村老年人的养老金月收入未过百元。中部地区和西部地区基本上以国家的基础养老金及个人缴费档次为标准，但西部地区农村居民养老金月收入的平均值比中部地区高。

表3.8　不同地区新农保养老金月收入的情况

地区	均值	中位数	众数	最小值	最大值	标准差	总数
东部	143.3557	85	85	55	450	64.525	965
中部	78.647	60	60	55	450	21.902	1073
西部	93.846	70	60	55	450	50.071	964

根据上文分析，新农保养老金对农村老年人农业劳动时间具有显著负向影响，而对非农劳动时间的影响没有显著性。因此，本部分内容仅分析不同地区新农保养老金收入对农村老年人农业劳动时间的影响。由于不同地区新农保养老金收入对农业劳动时间的Tobit模型未能通过异方差检验，因此表3.9为CLAD模型的回归结果。

表3.9　不同地区新农保养老金收入对农村老年人农业劳动时间的影响

地区	东部地区 农业劳动时间	中部地区 农业劳动时间	西部地区 农业劳动时间
养老金收入	−0.414*	−0.263*	−0.323***
	（0.182）	（0.126）	（0.16）

注：表中*表示 p<0.05，** 表示 p<0.01，***表示 p<0.001。

从表3.9可知，新农保养老金收入对东、中、西部地区的农村老年人农业劳动时间均具有负向影响，且统计显著，即新农保养老金收入在95%的置信区间内，对东部地区、中部地区、西部地区农村老年人农业劳动时间具有显著的影响，就边际效应来说，在相同养老金水平下，农村老年人劳动时间减少程度呈东部>西部>中部的特征。新农保养老金月收入每增加10元，东部地区农村老年人农业劳动时间减少4天；新农保养老金月收入每上升10元，能够促使西部地区农村老年人减少约3.3天农业劳动时间；新农保养老金月收入每增加10元，中部地区老年人农业劳动时间减少2.6天。在统计样本中，东部地区的农村老年人平均每月新农保收入约为143元，西部地区平均每月养老金收入约为94元，中部地区最少，为79元。新农保养老金收入对农村老年人农业劳动时间的影响程度与地区的平均新农保养老金水平趋势基本一致。但由于青壮年劳动力外流所带来的老年人养老问题是一个不可忽视的分析条件，相关研究指出，劳动力流出较大的省份，家庭务工人员外出会增加老年人的农业劳动时间，家庭外出打工人数每增加1人，老年人的农业劳动时间增加约22.6天。在劳动力以省内流动为主的沿海地区，家庭成员外出打工并没有增加老年人的农业劳动时间（李琴，2009）。因此，就中、西部地区来说，新农保养老金对农村老年人的实际影响并不大，但在相同新农保养老保障水平的基础上，新农保养老金对东部地区老年人劳动负担起到一定的缓解作用。由此可见，为了应对老龄化社会，减少城乡差距，提高农村居民社会福利，应关注中、西部地区农村老年人的劳动负担状况，进一步完善农村养老保险制度，提升整体保障水平。

基于以上分析，新农保养老金收入对农村老年人的农业劳动具有显著影响，对非农劳动具有影响但不显著。在上述的模型分析中，涉及多个控制变量，为了进一步探究新农保养老金对农村老年人劳动参与的影响，下面从性别、教育程度两个维度，探究新农保养老金收入对农村老年人劳动参与的影响。在回归分析中，使用 CLAD 估计法，估计性别、教育变量对农村老年人农业劳动时间的影响，使用两部分模型分析以上两个变量对农村老年人非农劳动时间的影响。

第一，新农保养老金收入对不同性别的农村老年人劳动时间的影响。从估计结果来看，在农业劳动时间中，新农保养老金收入对男性和女性的农业劳动时间均具有负向显著影响，从边际效应来看，女性的边际效应比男性更高。男性农村老年人新农保养老金月收入每增加 10 元，年农业劳动时间减少 2.5 天；女性农村老年人新农保养老金月收入每增加 10 元，年农业劳动时间减少 21.4 天，约是男性的 10 倍。在非农劳动时间中，新农保养老金收入对男性农村老年人具有显著的正向影响作用，说明新农保养老金对男性农村老年人具有替代效应。男性农村老年人可能会利用因农业时间减少而增加的闲暇时间进行非农劳动，从边际效应看，新农保养老金月收入每增加 10 元，男性农村老年人非农劳动时间随之增加 2.5 天。新农保养老金对女性农村老年人非农业劳动时间具有负向影响，但统计不显著，说明虽然新农保养老金收入倾向于减少女性农村老年人的非农业劳动时间，但影响不显著。显然，女性对新农保养老金更为敏感，这可能与社会分工和男性与女性从事的劳动性质有关，同时也说明我国农村男性老年人的劳动强度大，在制定社会保障政策时应该给予更多的关注。

第二，新农保养老金收入对不同受教育程度的农村老年人劳动参与的影响。从表 3.10 可以看出，新农保养老金收入对受教育程度为初中及以上的农村老年人，在农业劳动时间方面具有显著的负向影响，在非农业劳动时间方面具有显著的正向影响。从边际效应来看，新农保养老金月收入每增加 10 元，完成初中及以上教育的农村老年人年农业劳动时间减少 13.4 天，而年非农劳动时间增加 4 天。新农保养老金收入对未完成小学教育、完成小学教育的农村老年人的年农业劳动时间、非农业劳动时间均没有显著影响。这可能是因为，教育程度决定劳动回报率，劳动回报率通过收入效应、替代效应影响劳动者闲暇—劳动的选择。受教育程度高，劳动回报率高，替代效应明显，即老年人在获取新农保养老金之后，减少了农业劳动时间，进而选择增加劳动回报率更高的非农劳动；受教育程度低，劳动回报率低，收入效应大，劳动者偏向选择闲暇而非劳动。同时也说明，大部分受教育程度低的农村老年人劳动负担更重。

表 3.10　不同特征的农村老年人的劳动供给情况

特征	男性	女性	未完成小学教育	完成小学教育	完成初中教育及以上
农业劳动时间	−0.251*	−2.144***	−0.245	−0.032	−1.342***
	（0.204）	（0.508）	（0.183）	（0.193）	（0.373）
非农劳动时间	0.247*	−0.03	−0.325	−0.037	0.406*
	（0.106）	（0.13）	（0.672）	（0.116）	（0.184）

注：括号内的数字为稳健标准误；*表示 $p<0.05$，**为 $p<0.01$，***表示 $p<0.001$。

第四节　作用机理分析

根据以上分析，得出新农保养老金收入能够降低老年人农业劳动参与概率、减少农村老年人农业劳动时间，而且这种影响具有地区差异，新农保养老金对东部地区农村老年人农业劳动时间减少的效果更加明显。但是新农保养老金对农村老年人的非农劳动参与影响不显著。那么，为什么新农保养老金收入对农村老年人劳动参与会形成这种影响呢？其内在解释机理是什么？

首先，制度设计的目标之一是老有所养。2009 年，依据《国务院关于开展新型农村社会养老保险试点的指导意见》（以下简称《指导意见》），新农保从设立时起，其目标就是要“逐步解决农村居民老有所养的问题”,这意味着我国农村居民养老问题成功向社会养老迈进，能够在一定程度上提升农村老年人生活质量，为老年生活提供一定的保障。随着新农保基本实现全覆盖，2014年，国务院发布《国务院关于建立统一的城乡居民基本养老保险制度的意见》(以下简称《意见》)，在这份文件中，城乡居民养老保险的任务目标比新农保的任务目标提升了一个层次，通过“强化城乡居民养老保险长缴长得、多缴多得的激励机制”,“充分发挥社会保险对保障人民基本生活的重要作用”。2014 年城居保与新农保合并统一，不仅离实现农村老年人老有所养的任务目标更近了一步，中国农村老年人的养老质量也必将进一步提高。

根据《人口科学辞典》对“老有所养”的定义，老有所养是指老年人依靠社会和家庭能够得到所需的生活照顾和经济、物质保证。社会养老保险 2009 年《指导意见》、2014 年《意见》提出，为实现农村居民老有所养的目标，居民养老保险应满足老年人经济、物质生活条件的基本需要。而满足老年人经济、物质生活主要体现在老年人的收入多寡。农村老年人收入来源主要有两个：一是靠自己劳动所得，二是靠子女供养、社会养老保障收入。由于我国老年人普遍存在“无休止劳动”现象，因此农村老年人劳动参与率、劳动时间成为衡量新农保制度有效性的重要标准之一。

其次，家庭养老功能弱化，农村社会养老保险补位。农村老年人两种收入来源体现了我国农村老年人的三种养老方式，分别是自我养老、家庭养老、社会养老。家庭养老是我国传统的一种养老方式，但是随着城市化发展，强壮的年轻人选择外出打工。年轻子女外出务工，能够显著提升家庭收入，减低农村家庭贫困程度(张永丽，2017)。老年人留家务农，使得家庭收入进一步提高。这种“半工半农”的家计方式，是农村居民为了追求家庭收入最大化、提高抵御农业劳动风险的理性选择。现实中，虽然年轻子女外出务工家庭总收入增加了，但是并没有增加对老年人的经济支持，他们一部分的收入被城市吸纳（张荣胜，2012），年轻子女对农村老年人经济供养水平低（叶敬忠、贺聪志，2009），老年人衣食消费、居住环境并没有明显变化。这种选择反而使老年人劳动负担加重。白南生等人对安徽省劳动力输出量大的三个村进行调查，得出成年子女外出务工会使老年人劳动参与率增加5.8%（白南生等，2007）。而且，年轻子女外出的距离越长、时间越久，老年人的劳动负担越大（卢海阳，2014）。农村子女存在“逆反哺”现象，家庭代际经济转移对农村老年人劳动供给呈正向显著影响（畅倩，2019）。由此可知，农村老年人依靠子女养老难以减少其劳动供给，实现老有所养的晚年生活，传统家庭养老模式正在弱化。

根据《中国城乡老年人生活状况调查报告（2018）》，60—64岁农村老年人参与率达 61.6%，农村老年人劳动收入占总收入41.2%，自我养老是目前农村老年人的常态。从需求层次出发，自我养老是指，当单纯依靠家庭或者社会，未能满足老年人生活需求时，老年人通过参与社会发展或者获得自己劳动收入，进行自我养老（杜守东，2002）。通过直接参与社会发展进行自我养老，主要有两种方式：一种是土地养老，另一种是通过受雇、自营等方式（李俏，2017）。其中，土地养老主要包括通过农业劳动获得收入、租让土地获得收入，但是由于我国除沿海地区外，大部分农村经济发展程度较低，农村老年人主要依赖农业劳动获得养老资源，满足个人需求。通过受雇、自营等方式进行自我养老主要是指农村老年人凭借个人知识、能力从事的非农业生产活动获得收入，由于老年人居住习惯和农村经济发展状况，这种养老方式一般会发生在农村及周边，而且对老年人的文化程度、身体条件、技能知识都有较高要求。

由于农业生产面临自然和市场双重风险，难以实现利润收入，个体化经营成本高、收益低。随着农村老年人年龄增大，从事农业劳动对身体损耗也会加大。农村老年人持续从事劳动，更多是寻找一种安全感，对个人养老的成效并不大。韩芳等人调查了 100 个农户，其老年人平均养老费用为 2000 元，农业收入仅 625 元（韩芳，2008）。随着农村耕地面积减少，农村劳动力不足，农业收入会更低，而养老费用则持续增加。我国农村老年人即使自评健康状况不好，但仍会继续劳动（谭娜、周先波，2013）。单纯的自我养老所导致结果之一是农村老年人过度延长劳动，损害健康，并不是好的晚年生活安排，也未能实现更好地保障老年人基础生活的目标。因此需要通过社会力量，改善老年人的劳动状态，改善养老方式。

新农保从 2009 年开始建立，2014 年与城镇居民养老保险合并，发展至今已经超过十年，在这个过程中，农村居民养老制度不断完善。2009 年发布《国务院关于开展新型农村社会养老保险试点的指导意见》，提出保基础、逐步解决老有所养问题的目标，同时也标志着我国农村居民养老事业进入一个新阶段。2014 年国务院颁布《国务院关于建立统一的城乡居民基本养老保险制度的意见》，文件中提到完善基础养老金和个人账户调整制度，适时提高基础养老金水平。随着我国农村家庭养老脆弱化，老年人通过劳动自养成为普遍现象，新农保的出现和完善促使老年人经济条件得到逐步提升，起到更好地保障农村老年人晚年生活的作用，其表现为：

新农保基础养老金不断提高。在国家层面，2015 年，我国第一次统一提高城乡居民养老保险的基础养老金的最低标准，即在原来每人每月 55 元的基础上增加 15 元，提高到每人每月 70 元，与前六年相比，提高幅度为 27.3%。2018 年，国务院批准《关于 2018 年提高全国城乡居民基本养老保险基础养老金最低标准的通知》，根据该通知，全国城乡居民基本养老保险基础养老金最低标准提高至每人每月 88 元，与 2015 年相比涨幅为 25.7%。不仅最低基础养老金标准提高，其调整制度也渐趋明显。在地方层面，如表3.11所示，新农保与城居保合并之后，农村居民基础养老金提升幅度大，且缴费最低档次也有所提高。其中，上海走在全国前列，最低缴费档次500元，基础养老金470元；江苏省最低缴费档次为300元，基础养老金为105元；广东最低缴费档次为120元。这意味着我国农村居民养老保险制度趋于理性化，更加强调个人缴费，同时也证明农村居民养老保障水平处于上升趋势。不过与前文分析地区差异下新农保养老金收入对农村老年人劳动参与影响得出的结果一致，目前农村居民社会养老保险水平具有较明显的地区差异。

表3.11　不同地区居民养老保险收发情况

地区		时间	档次（元）		基础养老金（元）
			最低	最高	
东部地区	上海	2014	540	3300	470
	天津	2014	600	3300	220
	江苏省	2014	300	2500	105
	福建	2014	100	2000	70
	莆田市	2015	100	3600	85
	广东省	2014	120	3600	65
	珠海	2014	60	120	330
	浙江省	2015	100	2000	120
	杭州市	2015	100	2000	170
中部地区	基本按照国家相关规定执行				
西部地区	内蒙古自治区	2015	100	3000	70元每月，70岁以上每月增加10元
	新疆维吾尔自治区	2014	100	3000	100
	西藏自治区	2014	100	3000	120

新农保养老金收入能够在一定程度上替代土地养老、家庭养老。在土地养老方面，当家庭流动性强，新农保养老金收入能够缓解老年人消费负担，显著替代土地保障，减少农业劳动时间（徐志刚等，2018）。在家庭养老方面，新农保养老金使子女对父母的经济支持减少 23%（张绍华等，2018）。王文静等人（2015）发现相比于家庭养老模式，只有新农保养老金收入能够显著减少老年人劳动时间。新农保养老金对于个人收入很少的老年人来说，能够显著增加了农村老年人个人收入（张川川，2014）。老年人参加新农保，伴随着相对收入的增加，能够有效提升老年人主观福利（郑晓冬，2018）。新农保养老金通过增加老年人收入、增强老年人主观福利，能够有效降低老年人的劳动参与概率、劳动参与时间。但新农保基础养老金替代率较小，总体保障水平仍然比较低，因此对农业劳动时间影响程度仍然较小。由于非农劳动的单位报酬与农业劳动生产率相比更大，因此新农保养老金对非农业劳动时间不产生显著影响，甚至可能具有吸引作用。随着农村养老保险缴费档次、基础养老金调整机制不断完善，替代率会逐步提高。当起始缴费档次为 500 时，新农保养老金收入对中人的替代率为 14.95%—26.79%，对新人的替代率为 27.54%—42.75%（王翠琴，2010）[①]。将来，农村居民养老保险金收入对降低老年人的劳动意愿、劳动时间的效果将会更明显。

最后，收入效应影响个人劳动决策。养老保险作为农村老年人晚年生活的一种额外收入，对劳动供给的影响主要体现在收入效应上。收入效应其中之一的表现为养老保险金的存在放松了个体预算收入约束，使个体变得相对富有，在获得相同效用的情况下，行为主体会增加闲暇时间，减少劳动时间。

---

① 新农保制度实施时，已年满 60 周岁的称为“老人”，距领取年龄不足 15 岁的称为“中人”，距领取年龄超过 15 岁的称为“新人”。

我国农村老年人情况较为特殊，既从事农业活动，也从事非农业活动，这两种活动所获得的劳动收益具有差异性，即两者的工资率与无差异曲线对于收入的敏感程度不一样。农业劳动生产率主要由土地—劳动比率、土地生产率、土地产值转化率决定（高帆，2015）。由于我国大部分农村劳动力外流，以农村老年人为主要劳动力，土地生产碎片化，农业劳动生产率低。农村老年人从事农业劳动，生产率低，导致工资率低。社会养老保险主要是通过收入效应对老年人劳动参与产生影响，劳动—闲暇模型认为，每个个体都追求利益最大化，个人对于劳动与退休的决定，主要取决于工资率。在相同效用下，当工资率高时，个体倾向选择劳动；当工资率低时，个体倾向退出劳动市场。农业劳动工资率低，对养老金这种外部收入更敏感，个体具有更强烈的退出劳动市场的倾向，当老年人领取新农保养老金，在相同效用下产生收入效应，促使老年人倾向较少劳动时间。而由于非农业劳动单位报酬稳定，工资率相对于一般农业劳动来说比较高，对养老金外部收入并不敏感。在相同效用下，新农保养老金并不能对其产生影响。

除了受工资率的影响，养老保险还可能与个体整个生命周期的储蓄、消费相关。根据生命周期模型，新农保养老金增加了农村老年人未来预期收入，从而影响其消费、储蓄、退休的决策。费尔德斯坦在生命模型的基础上，研究社会养老保险金对个人储蓄的影响，提出社会养老保险金能够代替个人储蓄，降低储蓄水平，从而使个体倾向减少劳动或者退出劳动市场（Feldstein，1974）。马光荣等人利用 CPFS 2010 年、2012 年两期数据进行分析，发现新农保养老金收入能够显著降低领取养老金老年人的储蓄率（马光荣，2014）。同时，新农保也对农村老年人的消费有影响，参与新农保会使家庭人均支出提高 4.3%（朱诗娥等，2019）。

第四章　社会救助与贫困农户的行为

本研究选择 A 省 Y 村为个案，该村为当地典型的贫困村落。2016 年，Y 村被划定为高校 H 大学的定点帮扶对象村。Y 村的贫困家庭成员教育水平普遍较低，多为初中文凭。其中，107 人为初中文凭，约占总人数 61%；45 人为小学文凭，约占总人数的 25%；高中文凭（含在读）2 人，约占总人数 1%；职校、中专（含在读）2 人，约占总人数 1%；本科及大专 3 人（含在读），约占总人数 2%；文盲 2 人，约占总人数 1%；学龄前人口 16 人，约占总数 9%。其中村委会成员均为高中学历，村委中没有能熟练使用电脑的干部，大量信息的输入和处理工作由驻村书记负责。

第一节　贫困文化与福利依赖

一、贫困文化

20 世纪 60 年代，美国著名的人类学家路易斯（Lewis，1963）首次提出“贫困文化”（culture of poverty）概念，在其代表作中指出“贫困文化”指的是一种具有自身结构和理性的社会亚文化，在一定的历史、社会背景中，呈现出的穷人群体间所共用的区别于主流文化的生活方式。他认为这种社会亚文化一方面是穷人面对挫折后失望不已的无奈选择，另一方面是一部分穷人自愿生活于这样的平稳但落后的文化圈。路易斯（Lewis，1963）对墨西哥贫民窟展开了一系列研究调查，发现长期生活在社会底层的穷人之所以没有办法摆脱贫困、获得成功，是因为在这个群体间形成了一套同穷人的社会地位所相适应的价值观、生活态度和行为方式，并且贫困文化一旦形成后具有一定的稳固维持能力，还会传递给下一代。

此外，班菲尔德（Banfield，1958）同路易斯表达了相似的观点，其研究通过详细描述一个意大利南部的落后村庄全貌，展现当地村民利己、家庭本位、排斥集体合作的观念及行为。他也认为穷人基本上无法依靠自己的力量抓住机会脱离贫困的命运，由于他们早已被那些区别于主流文化而源于自身的贫困价值观念所内化。另一位美国的学者哈林顿（Harrington，1962）则是更多地强调了贫困的代际传递观念，在他的著作《另类美国》中，他把美国本土的穷人描绘成了有别于社会主流的一种文化、一种制度和一种生活方式，并且他对于这样的贫困现象的解决抱有十分悲观的态度，认为人们一旦落入这样的环境中接受耳濡目染的影响，他们大多没有机会再次走出这个另类而贫困的群体。默里（Murray，2012）在《失落的地平线》一书中则对美国少数民族聚居区的居民展开了研究，他指出这些地区存在一个贫困的底层人群，他们的行为和观念同核心的社会价值观存在巨大的差距和冲突，默里认为“贫困文化”乃是导致他们贫困的主要原因。在这样的宿命论的影响下，人们目光粗浅，只看重当下而忽略未来，无法不去接受自己贫困的物质生活和失败的人生经历。

这些有关“贫困文化”的研究一同构建起了早期“贫困文化”的概念框架。几位核心研究者在不同的地区关注特殊的贫困群体所开展的研究逐步丰富了“贫困文化”的概念和内涵。

20世纪90年代到21世纪初，国内社会学领域学者逐渐关注“贫困文化”的研究，在国外对其概念定义和解释的基础上结合我国的社会背景对此概念进行本土研究。王铁林（1991）将贫困文化解释为“一个巨大的社会文化效应场，特别是其中的文化传统有着强大的辐射和遗传力，它常常表现出一种内控自制的惯性运动，作用和影响社会生活各个方面，造成各种不同的社会效应”。吴理财（2001）认为，所谓的“贫困文化”就是指贫困阶层所具有的一种独特的生活方式，它主要是指长期生活在贫困之中的一群人的行为方式、习惯、风俗、心理定式、生活态度和价值观等非物质形式。除剖析概念外，国内的学者还对贫困文化的结构特征进行了研究，王兆萍（2004）在路易斯的概念基础上提出了我国贫困文化的本质：土地至上，认为倘若人们死守土地至上的贫困文化观念，其生活方式和行为则容易被这样的观念支配，将陷入贫困状态。王兆萍（2007）还分析贫困文化的结构包括内层、核心层及外在行为表现，即基本假设—价值观—行为模式和生活方式，并将我国的贫困文化结构精解为“面子要紧—土地至上—不流动”。

综合国内外学者对于“贫困文化”这一概念的研究成果，可以总结概括这一概念的几个主要要点：

（1）“贫困文化”是指在一定的历史、社会背景环境下，贫困群体间所共享的价值观念、行为方式、风俗等形式。

（2）“贫困文化”是一种具有一定的稳定性和维持力的社会亚文化，具有传递性，使得贫困群体维持贫困的状态且难以逃脱。

（3）“贫困文化”概念作为一种解释贫困现象的研究视角，对于我们认识贫困现象和解释贫困问题有着很强的针对性。

（4）“贫困文化”虽能够代际传递和影响人们的行为与选择，但依然能够通过外力的介入帮助贫困群体脱离贫困现状。

二、福利依赖

“福利依赖”（welfare dependency）这一概念自 20 世纪中叶以来，一直是西方发达国家开展重大福利制度改革实施的主题。

面对当时存在一群人为避免努力工作而不道德地去获取及依赖社会救助补助和服务的社会问题，这一理论成为西方国家研究此类福利问题的一大热点。不同研究学者和机构对这一概念进行了定义和解释。

吉尔德（Gilder）和默里（Murray）作为“福利依赖”理论研究的代表人物，较早对这一概念展开了论述，在他们看来，“福利依赖”是社会福利受助者表现出来的种种不道德的问题行为。吉尔德在他的著作《财富与贫困》一书中指出，有部分失业在家的父母借助未成年子女获得救助，通过分享子女的福利，选择依靠救助金而放弃外出工作，产生了工作的惰性。随后，默里也在他的研究中描述了美国救助项目的受助者现实中的种种不道德的行为，并将社会福利与这样的消极行为联系在了一起。现实中的案例总是能够证明一些未获得食品补助券的人比已经获得的人更需要这样的社会福利，依照制度安排未能享有医疗救助的人群实际上更需要这样的帮助。

部分研究者将福利依赖的问题上升到文化层面，认为福利依赖是一种社会亚文化，西方国家如“第三条道路”等多个公共政策改革流派都相信，传统福利国家会滋生福利依赖，并培育出一种“依赖文化”。有学者（Kimenyi & Mwangi，1991）提出受助者默默接受了其不得不依靠社会救助才能维持生活的窘境，而较差的经济状况、社会资源的匮乏和就业能力的退化问题被掩盖，反过来固化了其后代的贫困环境。

部分机构根据客观事实的情况，定义界定了“福利依赖”的客观标准。美国健康与人权服务部门（HHS）将“福利依赖”定义为：“假如一个家庭一年总收入中超过一半的收入来自失依儿童家庭补助项目（AFDC）、食品券和收入补偿等保障项目，且这些收入与工作行为无关，则可称这个家庭为福利依赖。”

然而，学术界还有部分学者从制度缺陷的视角理解“福利依赖”的概念。阿亚拉等（Ayala et al.，2007）认为，西方工业国家普遍存在一个担忧，即政府福利项目可能会对受助者的就业意愿与就业状况造成影响，进而导致福利依赖。有些学者提出“福利依赖”总是与对经济援助或社会福利的自毁式的长期依靠及被动性相伴产生。这些学者认为福利依赖是当下社会救助制度负激励的结果，其诱使具有劳动能力的接受福利者放弃外出工作，被动地接受救济，久而久之，这些受助者自我摆脱贫困的能力受损，难以再次进入劳动力市场获得经济独立，造成对福利制度的长期依赖。

对“福利依赖”的概念解释中有一种生存策略说，认为“福利依赖”是受助者进行“权衡后的理性选择”。有学者（Mwangi & Kimenyi，1991）认为，长期的福利依赖是经济因素制约（如缺乏就业机会）、理性选择（衡量失去福利后的损失）及文化适应所造成的结果。相似的研究中，研究者发现当人们以在劳动力市场中的贡献去衡量应得的福利水平，而家庭妇女在家中的劳动无酬劳支付，主妇们不得不选择依靠福利救助弥补可能存在的损失，其实是出于“成本—收益”的理性分析所做出的决策。

国内学者对“福利依赖”的定义，其实更多的是进行梳理和划分。在国外研究基础上，结合本土情况，韩克庆、郭瑜（2012）研究当下我国社会救助制度是否存在“福利依赖”的情况。有研究把“福利依赖”具有代表性的定义划分为三种：第一，视福利依赖为问题、罪恶的根源，对此概念持消极的态度；第二，是以客观事实的描述态度，界定了“福利依赖”的客观标准；第三，视“福利依赖”为一种动态的观点，认为福利参与和福利依赖是人们在利用福利的不同阶段的不同表现（徐丽敏，2008）。之后，刘璐婵（2015）从四个维度视角总结了西方学者对“福利依赖”的定义，包括问题行为说、依赖文化说、制度缺陷说以及生存策略说。

第二节 贫困农户的行为反应

本节主要是利用深度访谈和实地调研所获取的信息，描述贫困农户的具体行为表现。从访谈结果以及实地观察来看，贫困农户的行为主要可划分为积极配合惠民扶贫工作和消极对待扶贫工作两种。绝大部分的贫困农户积极配合参与，但同时也有部分贫困农户产生消极的态度和不配合的行为。

一、积极配合

访谈结果显示，高校扶贫项目的开展以其丰富的教育资源补充了政府扶贫工作存在的一定不足。所有的被访者都表示对于高校扶贫活动持有积极的态度，对高校扶贫的一些举措赞不绝口，欢迎该校的领导和师生下到村里开展扶贫活动，发放慰问品，给当地的小学捐赠教具和桌椅。贫困户村民普遍认为这是一项惠民利民的扶贫工程，实实在在地解决了贫困户生活中的一些问题。多数访谈的贫困户对象表现出积极配合高校定点扶贫工作，根据“一对一”结对帮扶的具体计划要求，参与配合高校调研团队的调查访谈，积极同结对帮扶的负责人沟通，并建好养殖需要的例如猪栏、鸡圈等场地，配合对口的学院扶贫工作进一步开展。学校则依据反馈回来的情况下拨资金到户，用于购买家禽和牲畜。部分贫困户村民积极参与高校所举办的帮扶活动，如梦想课堂、禁毒宣传和扶贫致富电视夜校等下乡扶贫活动。

“课堂支教，梦想课堂，我的两个小孩有参与，我也愿意让她们去。我的孩子回来说，他们教得很好，教育和语言都比较理想，跟小孩的互动很好。”（访谈资料 20171109HXPKP14）

“上个月 H 大学（该村定点扶贫单位）来了 100 多个人，梦想课堂，教小朋友，谁都可以来，不仅仅是贫困户，包括很多来自别的村的，只要你想来就可以来，什么都教，唱歌跳舞，和他们做游戏。很受欢迎的，小朋友都去了，那些小孩看到那些老师走都要流眼泪，舍不得他们走。”（访谈资料 20171109CZRZSP8）

“每周一晚上有电视夜校，一个星期一次，我们干农活也累，原来想搞两次，后来弄一次，大家积极参加，会去的。”（访谈资料 20171109HXPKP17）

“一般是 1、2 个月来一次，不仅关心我们贫困户，还关心我们的小孩和小孩的教育，像之前那个扶贫工作日，来了很多人，给我的小孩做了很多的辅导，给了很多的关心，总体来说我们对 H 大学的印象很深。加上他们比较友好，我觉得还是这一块做得比较到位。”（访谈资料 20171109HXPKP14）

“基本上全村 100%都可以到，在网上面是有报道情况的，夜校的参与度很高……这个夜校（脱贫致富电视夜校）是我们这里很有名的项目，还有邀请过村里 20 多个贫困户去海南电视台参加脱贫致富夜校的直播活动，大家能有上电视的机会都很兴奋和高兴……”（访谈资料 20171109ZCSJP2）

“还是很乐意他们能过来，有些人问问题，就你问我答，我都实话实说，而且我们知道来，就像预约了一样。人家跑这么远来，我们都提前来，不要人家白白来一趟。”（访谈资料 20171109HXPKP17）

二、消极应对

农村低保制度的建立，为许多社会救助制度带来福利，部分贫困农户作为低保户除了领取低保金以外，医疗、教育、住房、就业等救助福利也同低保身份挂钩。然而长期下来，该村各项政府扶贫救助的相关工作在实施过程却中产生了贫困农户“等、靠、要”的福利依赖心理和消极行为。一方面，在就业方面，表现为贫困农户单纯依赖扶贫救济补助和物资供给，长期缺乏就业积极性，不参与就业推荐而依赖于帮扶救济。另一方面，在退出机制上，出现贫困农户采用虚报收入和所有土地的方式来获取更多的福利、避免自己失去受助者身份的怪象，缺乏改变自身生活的决心和能力。在访谈的过程中，当地的驻村书记及扶贫干部多次强调部分贫困户误读当地的扶贫政策，采取逃避或虚报的方式拒绝配合基层扶贫工作，并对此行为表示十分头疼和无奈。

“我们这个基层有很多扶贫的政策，那些老百姓不够理解，误读了我们的政策，就是‘靠’和‘等’，等政府来帮扶他们，像那些危房改造，就是‘靠等’，靠等着来帮他们改建和新建房子。不懂得发挥自身的优势嘛，唉……长此以往，不愿脱贫，懒，不愿意去打工，因为他们等来了，就不需要自己去努力争取了。”（访谈资料 20171109ZCSJP2）

“就是想一直都拿，不想脱贫，大多数人签了脱贫，有些不愿意签。其实他们都不了解，补贴可以领到 2020 年。他们现在就是不愿意脱贫，想继续拿钱，但大多是同意签，不签的是个别人。他就说：‘我房子都没有，为什么要我签？’”（访谈资料 20171109CZRZSP9）

“也有人，我们这里不是种香蕉嘛，问他们有多少亩，他们说：‘我没有多少，就是两三亩。’但是到后面县政府要统计有多少亩，要拿些肥料给他们，他们就猛报上来了，30 亩都有。我说喂，你干吗这样讲，问你你又说两三亩，现在你又乱报上来。有那个贫困表要统计他们有多少亩，他说五亩，给他苗的时候他又说不够。我说你贫困表上面都填的这个数了你现在又说不够，说有 10 亩、30 亩，那你重新改贫困表上面的，他又不肯改了。”（访谈资料 20171109CZRZSP10）

然而，相似的依赖行为不仅体现在政府部门所开展的扶贫工作中，在高校定点扶贫的过程中亦有出现。虽然，大多数的贫困村民对高校开展的扶贫工作持欢迎的态度，也积极参与大部分的高校定点扶贫活动，但是也有部分村民和扶贫干部表示少数贫困户存在思想落后情况，消极对待帮扶工作，表现为在获取高校所给予的物资和补贴金时表现得十分积极，放下农活到现场围观领取物资，但在参加具体的由高校开展的脱贫活动时，如技能培训、就业指导时则选择逃避和不配合。笔者走访村庄时发现，当地村口有些村民每日会围坐一团打牌，其中不少却是当地贫困户家庭的成员，部分贫困户村民具有不良的生活习惯，嗜酒和赌博，仅愿意单方面领取救助补贴，却时常以喝酒等其他理由推脱而不参与扶贫活动。在访谈当地贫困户家庭成员和扶贫干部的过程中，有访谈对象这样描述：

“你看那边几个坐在那里的，全都是贫困户，一般那些不是贫困户的很少坐在这里聊天消磨时间。你看赌博的也是贫困户，喝酒的、赌钱的好多都是贫困户，就像他们的工作一样，他们不用干活的……介绍他们去干活，他说要有车拉他去，没有车送他去他就不去，都是没有上进心的。就是等嘛！不干也有得拿，他干吗还要去干活。”（访谈资料 20171109CZRZSP7）

从表面上看，部分贫困户家庭情况的确存在困难，尤其是许多有长期卧病在床的老人或者多个仍在上学的儿童的家庭，十分需要来自政府和高校的扶贫救助金和物资，但部分贫困村民即使具有劳动能力也不愿劳作，被动消极接受救助金并习惯于依靠扶贫救助维持生活，无法脱离。这样的现象背后实际隐藏着贫困农户的福利依赖问题。

第三节　贫困农户行为分析

在高校定点扶贫工作开展的过程中，丰富多样的扶贫活动及深入细致的对口帮扶工作对改善当地贫困农户的生活状况发挥了积极的作用，多数贫困户主动积极配合高校的定点扶贫工作，但仍有部分农户选择消极对待，这使得扶贫工作的进一步开展面临着许多困难和挑战。结合实地调研所获取的一手资料展开分析，影响贫困农户对待高校定点扶贫工作行为的影响因素可以概括为以下三个方面。

一、生态环境因素

贫困家庭对扶贫的态度和行为同当地的自然环境情况有关，该农村所在地的自然条件不同于许多北方村落，自然条件较为优越。当地位于海南省 L 县吊罗山的山脚下，以丘陵地形为主，气候宜人，全年平均气温约 23 摄氏度，平均降雨量 1900 毫米。温和的气候配上充沛的雨量，适宜居住，也是种植槟榔、龙眼、橡胶、香蕉等作物的高效农业之地。一方面，良好的自然条件为绝大多数贫困户在高校的协助下开展农业作物生产以实现增收创造了机会，许多村民积极参与高校所组织的种植和养殖技术培训。另一方面，优越的自然环境降低了贫困村民的生活难度，在舒适且良好的环境下，当地部分民众所形成的生活习惯及地方性经验使他们习惯于懒散的生活方式，造成其缺乏努力改变生活且积极参与配合高校和政府所开展的扶贫工作的动力。良好的自然环境不但没有促使部分贫困户积极参与农业劳作，努力提高自己的收入，反而使其养成懒散的习惯并甘于贫困落后的生活方式，以及形成只要有口饭吃、有酒喝就不追求向前发展的心态。他们“并不寻求与外界市场经济的对接，而习惯于生活在传统习俗带来的心理慰藉中”。在访谈的过程中，有两位被采访的村内扶贫干部表示：

“他们长期在农村生活，生活环境好，环境优美，山清水秀，不会饿死，也不会冷死，这是与北方不同的。同当地的地理和气

候环境特色来说，基本生活要求不高，不管帮不帮，他们的生活都还过得去。”（访谈资料 20171109ZCSJP2）

“这里是山区，拥有独特的自然条件，生活习惯比较松散悠闲，自然条件好，山清水秀，自给自足，可以满足基本生活，同外界的联系较少。”（访谈资料 20170915YYZRP7）

“这里的村民呢，有东西拿，就对自己要求不高，也很少出去见外人，也不想出去，到后来逐渐开始有自己想过好日子的想法。当时的表现就是嗜酒，当地人很爱喝酒，没钱就自己酿酒，自酿自‘销’，找老婆给自己酿酒喝。”（访谈资料 20170915YYZRP6）

通过走访 Y 村，本研究发现当地大部分村民都以种植槟榔为主要经济作物，这曾经是其最为主要的收入来源。全村 60 多户人家几乎家家都种植槟榔，少则十几亩，多则几十亩，且该村所在的 L 县 B 镇于 20 世纪 90 年代末曾经是海南万亩槟榔基地所在地之一，当时槟榔业不断发展壮大，因此槟榔的种植会给村民带来可观的经济收入。但在 2008 年前后，从海南万宁等地传来槟榔黄化病，村内的大片槟榔树染上病害，产量大幅度降低，甚至部分槟榔园已全面摧毁，并且目前治疗黄化病仍有尚未攻克的科技难题，还没有有效的防治方法，只能通过防治媒介昆虫切断其传播途径和加强营林管理提高自身抵抗力等综合治理措施进行控制，大批量槟榔病害的情况依旧没有得到缓解。访谈的过程中听贫困户黄某和胡某说道：

“目前香粉蕉是这两年才开始的，之前一直是槟榔，这里原来是万亩槟榔基地，但是这几年生病了。你看看门口这几株的就是生病了，这个就是长不了多少槟榔的，现在收成不好……”（访谈资料 20171109HXPKP13）

“治也想治，要买农药，他们说有专家可以治好，可是没有钱买药，专家来看了要有钱买药，没有钱怎么治？他们过来说是染上了黄化病，这种很难治的，怎样治？就算有方法治，可是已经染病太重了，染上病毒晚期了，没有办法治了。如果有资金也不想治，染上病太久了。”（访谈资料 20171109HXPK21）

当地主要的农作物遭遇病害，作为主要经济来源的槟榔大幅度减产给村民带来了巨大的经济损失，即便是优越的自然环境也无法为以种槟榔为主的农户提供坚实的收入保障。加上长期以槟榔为主要的农作物，种植产业单一化，造成农户应对自然灾害风险的能力较低，部分贫困户选择宁愿穷苦，也不愿意冒风险选择种植新的作物以改善生计，少数贫困户对于扶贫单位积极引导他们另寻种植作物的意见难以认同，相关扶贫工作难以得到积极的回应。高校作为扶贫单位虽热切关注当地槟榔黄化病问题，但对于病害也无法提供治疗痊愈的解决方案，贫困户在这一方面得不到帮助，一定程度上挫伤了其参与生产活动和当地扶贫工作的积极性。

二、行为个体因素

1. 年龄因素

访谈结果发现，年龄因素会对于贫困户的行为产生一定的影响。一般而言，当贫困户家庭成员的年龄越大，参与扶贫活动的可能性和积极程度就越低，反之亦然。参与扶贫活动与从事农业生产不同，通过访谈发现，当地年龄较大的贫困村民普遍受教育程度都较低，并且能力有限，加上健康状况堪忧，学习新的种植和养殖技能动力不足，同较为年轻的贫困户村民相比，缺乏参与扶贫活动的积极性。并且，部分老年贫困户村民保守思想较为陈旧，认为学习新技术是年轻人的事情，自己已经年老，没有更多的精力和能力，且身体状况不佳也不适合学习和参与扶贫夜校活动，受到比较多的限制。其中，有一位老年的贫困村民说道：

“有啊，有参加（这里指当地的脱贫致富电视夜校活动）。但是我的眼睛不好，我老了，眼睛看不到字，我去了也看不到，都是他们年轻的过去参加多。不过我听说那边主要是种植和养殖的经验。教放羊和养羊的，但我年纪大也是赶不上羊了，一放就呼呼呼跑了，赶不上。哈哈哈，而且一头羊也很贵，黄牛更贵，起码七千一头，一万块钱两头，羊就便宜一些，也比较快能得钱……”（访谈资料20171109HXPKP20）

相比之下，年轻的贫困户对参与高校举办的种植养殖技术培训活动，表现出了更高的积极性和参与度，他们根据自身养殖、种植的种类有选择地参与相应的培训活动，结合自身的生产情况获取作物病害识别与防护等专业知识。其中，有一位年龄为30出头的青年贫困户村民说道：

“前几个月多有些农技员来给我们上课的，教一些怎么看病毒，怎么种植香蕉的内容，我也做很多笔记，我放在山上，可以拿给你看。肯定嘛，你要种一些东西，要学一点技术，你不学怎么知道染上病怎么治它，要学怎么看这些病啊，为了治好多赚一些钱，怎样才能多收获一些钱，每天生活油盐柴米要花费的……”（访谈资料20171109HXPKP21）

2. 外出务工因素

访谈结果发现，外出务工因素会对于贫困户的行为产生一定的积极影响。当贫困户村民曾经外出打工且外出打工的次数较多、时间较长，对扶贫工作的积极性和参与度就更高。部分贫困户通过外出打工开阔了视野，更为了解当下国家和地方的扶贫政策，其语言表达能力及生存技能得到显著提升，因此村委会还给他们村内的工作机会，担任村里的信息员、卫生员等，同政府和高校的扶贫干部密切沟通，协助地方政府和高校定点扶贫的各项工作。由此可见，外出务工对于贫困户消除落后观念和贫困的生活方式具有一定的推动作用，有助于他们跳出贫困文化的圈子。其中，一位曾经常外出务工的贫困户村民胡某说道：

“我以前出去什么都干的，搞房子的、大理石的还有切砖的都搞……以前我跑海口，各个县城都去过，全村坐火车最多的就是我，以前跟着老板到处去打工……”（访谈资料 20171109HXPKP16）

“我也经常看电视，关心政策怎么走，贫困户怎么评得上，怎么建档立卡，我们现在出去了，也见过世面了，但是我们起步慢。”（访谈资料 20171109HXPKP17）

访谈过程中，有一位黄姓的贫困户村民十分健谈，在当地人中语言表达能力比较出众，在村里担任信息员的职务，日常工作同村干部和高校扶贫工作人员往来沟通频繁，也热心关注国家的最新动态，积极参与各项扶贫活动，有较强的改变贫困现状的意识。在同他的访谈对话中，他说道：

“我是有出去打点工，我是水电工，属于外包公司的工人，有时候放得下家里面的事情就可以出去帮忙一下……”（访谈资料 20171109HXPKP13）

“我认为困难就是弹簧，我们强了它就弱了；我们弱了，它就强了。人生都是有困难的，我们还是要迎难而上。”（访谈资料 20171109HXPKP15）

“我现在是村里的信息员，了解贫困户的信息，收集和采集信息……两年扶贫，三年攻坚巩固，这个是我们L县的扶贫政策目标……现在十九大刚刚闭幕，只要我们认真去学习，脱贫不是问题……”（访谈资料 20171109HXPKP15、20171109HXPKP16）

情况不同的是，还有部分被访谈的贫困户村民主要以在村内务农为主，没有太多的外出务工的经历，并没有掌握相应专业技能，一般从事一些不需要技能的体力活。访谈对象H是一位年龄40出头的农村妇女，住在未经修缮的危房中，家里有两个女儿，都在当地小学上学，丈夫因患有腿部残疾而失去劳动能力，该农户家庭常年依靠领取低保救济金和在村内种植水稻维持生计。通过访谈，发现她表现出个人自信心不足，不太善于也不愿主动向扶贫单位沟通并提出意见以说明自身目前贫困需求的表现。

“有时候闲的时候，没有那么多农活，会去打一些临时工。就是附近的临时工，比如说人家荔枝园要用人，我就会过去，但是也很少有，偶尔才一次，一次就招很多人。像我们这种没有文化的，就只是在那边干一些临时工，采摘东西什么的……”（访谈资料 20171109ZXPKP23）

当询问她是否有对当前扶贫工作有什么不满意的方面，以及觉得当前自己生活哪些方面需要帮助时，她说道：

“我希望生活这样，但是很难说，说句很难听的话，人都是人，人做人，为什么人家那么强，我们就那么笨，我不知道怎么说，怎么去提。我不好意思开口，不好意思说。”（访谈资料 20171109ZXPKP25）

3. 专业技能因素

访谈的结果发现，贫困户的行为还会受到其是否掌握专业技能和是否具有养殖、种植技术这方面因素的影响。一般而言，具有一定的养殖和种植技术的贫困户，在接受政府和高校的帮扶过程中表现得比较积极，在改善贫困处境方面会更有想法和主意，不仅仅局限于单纯地接受和等待救助金，而是更加积极思考改善目前生计的方法，并大胆提出扶贫工作中存在的不足和意见，希望高校扶贫工作能够给出更多的优惠措施，许多有想法的贫困户村民普遍表示缺乏经营产业的资金，自身所具有的技能无法施展。倘若提供充足的资金贷款，他们会更有信心和动力去开展生产活动。其中，有一位被访谈的对象不断强调自己有能力、有技能，但是缺乏资金开展农业生产。在访谈中他说道：

“我也想把我的地弄起来，但是要买肥料、农药、搭架子、买苗啊，这些都要钱的。可以贷款，但是也就 5 千，1 万不到，还是不够。像我这样的，因该给我贷多一些，我之前贷过 5 千，已经还清了。头脑有，但是没有资金。搞养殖可以，种植也可以，

一点点积累经验，这些问题都不大……”（访谈资料 20171109HXPKP18）

“我觉得有能力的家庭和贫困户要多帮一些，像我这样有能力的，资金要及时到位，给充足的资金，政府那边章程太多，很慢。他是给你，但是有时间的问题，拖时间，不及时。如果有钱，我们会更加有信心的，我们会更加努力的。我们农村没有什么，你带资本过来，我有主意，就很快了，但是光有土地没有资金，也是没办法。”（访谈资料 20171109HXPKP18）

同样，另一位年轻的贫困户男性村民也表示自身懂得圣女果种植技术，也拥有可供种植的土地，但是由于自己还未结婚难以贷足够的金额，希望以后可以有资金帮助自身开展农业生产以改善生活。他说道：

“要是农信社可以贷些款来买苗就可以种东西，但是我没有结婚不让贷这么多。没有什么资金，想种圣女果，要买肥料、苗，还要搭架子，架子是要买的嘛，都是要资金的，没有资金弄不了。现在就是想以后可以贷到款，然后能够改变自己生活。”（访谈资料 20171109HXPK22）

三、家庭因素

调查结果发现，贫困户对待高校扶贫的行为还会受到该户家庭是否有学龄儿童的影响。45 户贫困户中，许多家庭内有学龄儿童，即使成年成员本身的文化教育水平不高，但是家里有一个或者多个孩子上学的贫困户家庭，对于高校开展的基础教育帮扶活动的参与积极性会更高，积极配合各项教育扶贫工作，并给予高校扶贫工作以较高的评价。教育资源上，当地唯一一所小学位于 Y 村地域内，与 Y 村委会办公地紧紧相连，是一所黎族聚居地区的乡村小学，在校生 51 人，其中一年级 7 人、二年级 9 人、学前班 35 人。现有教职工 7 人，其中专任教师 4 人（专科学历 2 人，中专学历2人；最小年纪54岁，最大年纪58岁），教师队伍十分缺乏年轻教师。学校在教学场地、教学设施、电教设备、校园建设、师资配置、图书资料、教学质量等方面有待进一步提升和改善。

访谈对象中，几乎所有家里有在上小学孩子的贫困户家庭中，都表示只要该校下乡来开展一些支教的活动，都会让家里的小朋友积极参与，并且成年人也积极去围观。即使贫困户自身教育水平不高，但能普遍认识到文化教育的重要性，对于教育扶贫持有十分积极的态度，督促孩子们参与基础义务教育，积极响应教育扶贫优惠政策送孩子去读书，让孩子同高校的老师和大学生接触，接受课堂辅导和参与公开课堂学习。在访谈对象中，多位贫困户村民表示出对该校帮扶工作的肯定态度及对子女一代教育的注重。

“肯定的嘛，H大学的一下来村里，都是先去市场买东西过来，然后过来给小朋友送东西，他们都很高兴的。还有就是每次H大学的扶贫日过来，整个Y村的家长，大大小小、老老少少都过来，过来就是会有礼物，百分之百的学生都会有礼品，他们都很高兴。”（访谈资料20171109YQXZP11）

“小的（这里指她两个在上小学的女儿）有去参加，看到H大学的老师来很高兴、很兴奋，去那边学舞蹈，回来都很高兴……回来也说老师很会跳舞，和老师相处很高兴，都说好啊……”（访谈资料20171109ZXPKP24）

“我们做父母最大的愿望是孩子的学业，我们不能让他们重演我们的历史，我们这一代已经过得麻木不仁，不可让下一代再这样的……小孩上学，我们望子成龙、望女成凤。关键在于他们能不能达到这个成果，我们都会支持，但是成功与否都在于他们，总不能让他们重演我们的历史吧。我最大的愿望就是让他们参加高考吧，我们做父母的之前都没有参加过，很遗憾。目前还是觉得要用知识改变命运……”（访谈资料20171109HXPKP13、20171109HXPKP14）

第五章　平衡社会保障与劳动力市场参与

伴随社会保障制度的发展，社会保障水平提升对我国劳动力市场带来了一系列影响，其中包括社会保险缴费负担与企业劳动力需求之间的冲突、社会保险改革对不同类型劳动力供给行为的影响（封进，2019）。本研究分别探索了医疗保障、养老保障和社会救助制度，以及灵活就业人员、农村老龄人口和贫困人口的劳动力市场参与问题。根据研究的结果，本研究得到以下研究结论，并据此提出相关的政策建议。

第一节　提升灵活就业人员的医疗保障参与

从广州市将灵活就业人员纳入职工社会医疗保险和城乡居民社会医疗保险体制的政策来看，灵活就业人员是扩大社会医疗保险覆盖率的主要政策人群，也是实现全覆盖社会医疗保障体制目标的关键性政策目标群体。本书通过问卷调查和个案访谈获得广州市灵活就业人员参加社会医疗保险的第一手资料，基于调查得到的数据建立 Logistic 回归模型，分析灵活就业人员参加社会医疗保险的影响因素。结果表明，户籍类型、人员类型、劳动合同签订情况、过去两周身体状况、喝酒行为偏好、对广州市社会医疗保险制度的了解程度、参保行为对减轻生活负担作用的认识、对参保行为的认同程度是影响广州市灵活就业人员参保行为的主要因素。

具体而言，城镇户籍参加社会医疗保险的行为比农村户籍的要高，非广州市户籍的外来务工人员参加社会医疗保险的行为比广州市农村户籍、城镇户籍的人员要低，没有与用人单位签订合同的灵活就业人员参保行为比签订正规合同或有口头协议的低，过去两周有患病或身体不适的灵活就业人员比没有患病的参保行为要高，没有喝酒习惯的灵活就业人员比有喝酒习惯的参保行为要高，对参保规定很了解的灵活就业人员的参保行为相对其他的制度了解情况是最高的，认为社会医疗保险制度对减轻生活负担的作用很大的灵活就业人员的参保行为最高，同时认为有必要参加社会医疗保险的灵活就业人员的参保行为是最高的。此外，通过个案访谈深入分析了广州市灵活就业人员在制度参与、制度满意和制度选择三个方面对他们参加广州市社会医疗保险制度的影响情况。制度参与方式多样和制度宣传不到位导致灵活就业人员参保的信心减弱。制度有释放一部分灵活就业人员的参保选择权，但缴费标准的统一化和标准过高导致灵活就业人员对广州社会医疗保险制度望而却步。缴费与待遇差异、缴费与收入期望、异地就业结算复杂成为灵活就业人员参加广州市社会医疗保险的制度顾虑。

根据研究结论，制度发展的建议如下：

第一，制定灵活就业人员医疗保险制度要坚持的原则。

首先，完善广州市灵活就业人员参加医疗保险及提高社会医疗保险的覆盖面必须要坚持“适应性”的原则，即这一制度模式的选择必须要适应灵活就业人员的特征，也要适应灵活就业人员低缴纳能力与社会医疗保险制度收支可持续性发展的需求。其实，将灵活就业人员纳入社会职工或城乡医疗保险体系中，发挥了医疗保险制度“助人自助”的特点，即将劳动年龄较低并具有一定缴费能力的灵活就业人员纳入医疗保险的统筹部分，这样可以解决医疗保险收不抵支的资金缺口。同时参加职工社会医疗保险的灵活就业人员能通过个人账户资金的积累来增强自身抵御未来医疗风险或未来医疗支出的能力。但现实中，为灵活就业人员制定的参保规定并未能完全体现“适应性”的原则，所以“助人自助”的社会医疗保险特点没能很好地发挥出来。

其次，制定灵活就业人员医疗保险要坚持公平性原则。在对广州市灵活就业人员参加医疗保险行为的调研中，户籍是影响这一群体参保的重要影响因素，这也就说明制度设计与实施过程并未能实现公平性的原则。同样是就业者，灵活就业人员相对于正规就业者存在很多的就业不确定性，如果未能在制度设计中体现公平性的原则，就不能很好地对灵活就业人员实现医疗保险的广覆盖，这也就使得社会医疗保险成为无水之源，不利于整个社会医疗保险体系的可持续性发展。

最后，制定灵活就业人员医疗保险要坚持灵活性原则。对于劳动者来说，在很长的一段时间内，我国劳动者的社会保险关系是与劳动关系相结合，即就业者通过签订就业合同来保障参加社会医疗保险的权利。但基于灵活就业人员的特性，他们可能是无雇工的个体经营者，也可能是无固定的雇主或自由职业者，所以他们可能会因没有与用人单位产生劳动关系而被长期排斥在社会保障制度之外。针对灵活就业人员的社会保险制度应该要发挥灵活性原则，打破社会保险关系和劳动关系的连接，让更多的灵活就业人员能参与社会保险体系。然而，灵活性原则还应要体现在灵活就业人员缴纳基数的制定、缴费方式的设置中，即可以根据灵活就业人员的经济状况，对缴费基数和缴费方式进行灵活性调节。

第二，完善现行广州市社会医疗保险制度。

广州市社会医疗保险在对灵活就业人员扩大覆盖率的过程中，主要是为这一群体设置了以个人形式参保和以集体形式参保（即有单位依托的灵活就业人员）的制度类型，本节关于完善现行广州市社会医疗保险制度的建议主要是依据前文数据分析和个案访谈的结果，对个人形式参保和集体形式参保的制度提出建议。首先，要打破灵活就业人员参保的捆绑性制度。《广州市社会医疗保险办法》中对广州市灵活就业人员进行了广州市户籍与非广州市户籍的分类，按照规定广州市户籍灵活就业人员的参保并未依附在养老保险的参保关系中，但是对于非广州市户籍的灵活就业人员来说，他们以个人形式参加社会医疗保险是与养老保险实行了捆绑性的参保要求。以个人形式参加社会医疗保险制度，非广州市户籍的灵活就业人员要比广州市户籍的灵活就业人员每个月缴纳的金额多 481.70 元，所以在访谈中发现部分非广州市户籍的灵活就业人员就因缴费的金额过高而选择户籍所在地的新型农村合作医疗。在释放灵活就业人员自主选择权的同时，要打破对非广州市户籍灵活就业人员参保的捆绑性制度，让灵活就业人员能真正“灵活地”得到相应的社会保障。

其次，要坚持灵活就业人员医疗保险的强制性与自愿性参保相结合。提高灵活就业人员社会医疗保险参保率的方法，大多数是将这一群体纳入“大一统”的基本医疗保险体系中，并逐渐实现医疗保险的全覆盖。根据灵活就业人员的分类，在调研中发现部分有雇工的个体经营者并未按照规定为雇员参保社会医疗保险，还有一部分雇主与雇员达成了用现金补贴社会医疗保险的认同与做法。因此，在社会保险制度实施的过程中，需要对有雇工的个体经营者实施强制性的参保制度，保证有单位依托的灵活就业人员能通过就业的正规化来实现用人单位和个人共同缴费参保。同时，对于没有与任何单位产生劳动关系的灵活就业人员可以继续采用自愿参保的模式。

最后，对灵活就业人员医疗保险设置鼓励性参保的制度。根据《广州市社会医疗保险办法》的规定，能以个人形式参保的灵活就业人员的缴费基数为上年度本市在岗职工月平均工资的

60%，而以集体形式参保的灵活就业人员则是以上一年度本市在岗职工月工资为缴费基数进行计算的。调研中，发现部分有雇工的个体工商户因缴费能力低而选择不为雇员参加社会医疗保险。为了保障医疗保险基金长期的收支平衡，社会医疗保险的缴费基数和缴费金额会不断地上涨，但当社会医疗保险的缴费水平超过了灵活就业人员所能承受的限度，就会变成参保的制约因素，同时也没能实现提高医疗保险制度覆盖率的制度目标。为了鼓励更多的灵活就业人员参保，可以设置灵活性的鼓励制度，即可以为无雇工的个体工商户和有雇工的个体工商户制定梯度的税收减免政策。通过设置鼓励性灵活参保的制度，最大限度地激发灵活就业人员的参保积极性，从而提高社会医疗保险的覆盖率。

第三，优化现行广州市社会医疗保险制度的运行环境。

制度目标的实现不仅需要科学的制度设置，还需要对制度的运行环境进行优化并确保能提高制度的覆盖率。通过调研及数据分析可以看出广州市灵活就业人员对社会医疗保险制度的认知程度和认同程度影响了他们参保的积极性，所以在制度实施之前，需要加大广州市社会医疗保险的宣传，通过网络媒体、社区、电视新闻等进行传播。广州市有许多商品较为集中且比较大型的贸易基地，包括集中性较强的鞋子批发城、衣服批发市场和蔬菜批发市场等贸易市场。这些贸易市场是灵活就业人员较为集中的地区，所以可以基于这样的优势进行集中式的政策宣传，使更多的灵活就业人员了解社会医疗保险制度，切实转变他们的参保观念，提高参保率。此外，由于灵活就业人员对广州市社会医疗保险制度及参保程序的不了解，就很容易让有意愿参保的灵活就业人员选择某些中介公司进行参保。因无法保障通过中介公司参保的灵活就业人员是否已经进入社会医疗体系，也无法保障这部分灵活就业人员在参保后的待遇享受，并且在调研的过程中也发现交付给中介公司的社会保险费用比制度规定的多，所以为了切实保障灵活就业人员的参保权益，需要对参保中介公司进行监督。以此来优化灵活就业人员社会医疗保险制度的运行环境。

第二节 完善新型农村社会养老保险制度

老年劳动参与下降和养老保险体系两者之间存在着一定的联系，经济学家用“隐性税率”来度量养老保险制度对退休的激励作用，其含义是劳动者由于推迟退休而导致养老金财富下降数量占其多领取工资的比重，该比值越大，劳动者增加工作时间的净收益就越小，劳动者越倾向于选择退休（封进，2019）。本研究使用《中国老年健康与养老追踪调查》2015 年关于农村老年人劳动供给的微观调查数据，以养老金的收入效应为解释基础，通过 Probit、Tobit 模型、CLAD 估计法、两部分模型（Two-Part Model），分析了新农保养老金收入对农村老人劳动参与的影响，其中核心解释变量为养老金收入，被解释变量分别为：是否参加农业劳动、是否参加非农业劳动、农业劳动时间、非农业劳动时间。从回归结果来看，新农保养老金收入对于农村老年人的农业劳动参与决策、劳动时间均具有较强的收入效应，而新农保养老金收入对于农村老年人的非农劳动参与决策、 非农劳动时间影响不显著。具体研究结论如下：

第一，新农保养老金收入能够明显降低农村老年人参加农业劳动的概率，同时显著减少农村老年人农业劳动时间，即农村老年人每月领取养老金收入越高，老年人农业劳动参与率越低，农业劳动时间越少。农村老年人每增加 10 元新农保养老金月收入，农村老年人的农业劳动时间将减少 3 天。虽然新农保养老金收入能够有效减少农村老年人农业劳动时间，但减少的程度小，说明目前我国农村养老保险水平较低。

第二，新农保养老金未能显著降低农村老年人非农业劳动的参与率，同时也未能显著减少农村老年人非农业劳动供给时间，即新农保养老金收入对农村老年人非农业劳动参与率、非农劳动时间存在相关关系但不显著。

第三，新农保养老金收入对不同地区的农村老年人的农业劳动时间影响程度不同，就边际效应来说，在相同养老金水平下，农村老年人劳动时间减少程度呈东部＞西部＞中部的特征。新农保养老金月收入每增加 10 元，东部农村老年人年农业劳动时间减少 4 天；新农保养老金对西部地区农村老年人年农业劳动时间也具有显著负向影响，即新农保养老金月收入每上升 10 元，农村老年人减少农业劳动时间约 3.3 天；中部地区新农保养老金月收入每增加 10 元，老年人农业劳动时间减少 2.6 天。新农保养老金亟须满足不同经济发展程度地区的农村老年人的养老需求。

第四，新农保养老金收入对不同类型的农村老年人劳动参与行为具有明显的差异。在相同水平下，获得新农保养老金的女性相比于男性来说，对农业劳动时间更加敏感，新农保养老金每增加 10 元，女性农业劳动时间减少 21 天，而男性仅减少 2.5 天；新农保养老金对男性农村老年人的非农业劳动时间具有替代效应，新农保养老金每增加 10 元，男性农村老年人的非农业劳动时间增加 2.5 天而对女性农村老年人并没有显著影响。在受教育程度方面，新农保养老金仅对完成初中及以上教育的农村老年人的农业劳动时间产生负向显著影响，对其非农业劳动时间产生正向显著影响。

总而言之，新农保养老金在一定程度减轻农村老年人的农业劳动负担，证明新农保在解决农村老年人老有所养的问题时具有一定的政策效果，但影响程度小。新农保并未能减少老年人非农劳动参与概率、非农劳动时间，说明目前的新农保养老金水平需要进一步提升。新农保养老金对农村老年人劳动参与的影响还具有地区差异，其中对经济发达的东部地区的老年人影响更加显著。新农保养老金收入对女性老年人和受教育程度高的老年人的劳动参与的影响更加显著。

虽然 2014 年合并了新型农村养老保险、城镇居民养老保险，但新农保在合并过程中制度的核心内容没变，因此本研究所提到的建议适用于当下的城乡居民养老保险制度。综合上述分析、结论，本研究在改善、提高新型农村社会养老保险方面，提出以下政策建议。

第一，完善新农保基础养老金待遇的调整机制。新农保在 2009 年开始建立试点，2014 年新型农村社会养老保险和城镇居民社会养老保险并轨试点，2015 年我国第一次提高城乡居民养老保险基础养老金标准（从原来 55 元增加到 70 元），2018 年国务院继续提升城乡居民基础养老保险金最低标准（从原来每月 70 元提升至 88 元）。从 2009 年开始到 2018 年，农村居民基础养老金的最低标准在这 9 年间一共增加了 33 元，平均每年约增长 5.36%。但对于城镇职工养老保险，从 2005—2014 年，我国连续 10 年按 10%的比例提高企业退休人员的基本养老金水平，被称为“十连涨”，城镇职工基础养老金的涨幅是城乡居民基础养老金涨幅的 1.86 倍。目前，虽然新农保能够一定程度减缓农村老年人农业劳动负担，但影响的边际效应较小，说明新农保养老金水平有较大的提升空间。从当前的新农保基础养老金最低标准及涨幅来看，我国的农村老年人劳动行为并未能得到较明显改善，建议国家逐步提高城乡居民养老保险涨幅，建立完善的基础养老金增长机制。

第二，在缴费档次补贴方面，增加政府对不同缴费档次的补贴金额，提高农村居民缴费的积极性。经济发达的区域，应适当提高缴费档次。根据 2014 年国务院发布的《国务院关于建立统一的城乡居民基本养老保险制度的意见》规定，城乡居民每年的缴费标准设为12个档次，最低仍旧为100元，最高为2000元。地方政府对参保居民个人缴费部分进行补贴，对于选择100—400元档次的居民，地方政府补贴标准不低于每人每年30元；对选择500元及以上档次标准缴费的居民，补贴标准不低于每人每年60元。100元与500元的缴费档次之间相差400元，政府补贴每人每年仅相差30元，这在一定程度上降低了农村居民缴费的积极性，促使农村居民倾向按照最低标准缴费，农村居民社会养老效果有限。建议政府凸显不同缴费档次的补贴金额的差异性，激发农村居民缴费的积极性，促使农村居民增加个人缴费基数，提高月领取养老金收入水平，从而达到缓解农村老年人劳动压力的目的。在个人缴费方面，个人缴费对于农村老年人的养老金收入影响大，为了能够减轻农村居民的老年人劳动压力，政府应该视当地农村收入状况，适度地提高缴费最低档次。经查阅各地的城乡基础养老保险实施情况可以发现，一些省份已经将最低缴费档次调到300元、500元，经济较发达的地区已经甚至调到了1000元，比如北京、上海、深圳等。

第三，增强我国城乡居民社会养老保险制度的弹性，针对不同情况设置不同的领取条件、领取奖励、补贴额度，不能“一刀切”。当前，我国实行的居民社会养老保险制度采用的是统一标准，并未考虑地区、性别、受教育程度、年龄、身体状况等差异对农村老年人社会养老福利水平的影响。新农保养老金能够显著降低东部地区农村老年人农业劳动参与意愿、参与时间，但中西部地区由于老年人劳动量增加，新农保养老金对农业劳动的实质影响较小。因此，如果以缓解农村老年人劳动压力为社会养老保险的目标之一，鼓励中西部地区农村通过集体的方式提升农村老年人养老保障水平；农村男性老年人比女性老年人延长劳动的时间更多，建议在男性劳动缴费时应该设立比女性更高的缴费档次，以便支撑男性老年人的老年养老生活；对于受教育程度较低的农村老年人，当地政府应该提供免费的技能培训，提高老年人的劳动效率，缩短劳动时间；从效率上讲，对于通过健康状况鉴定的农村老年人，针对不同的健康等级以及年龄大小，设立高、中、低基础养老金标准。

第四，应强化个人账户私有化。目前，我国城乡居民养老保险存在效率损失的现象：一是城乡居民养老金筹资水平不足，个体倾向选择最低缴费档次，长期发展会导致政府城乡居民养老保险基金筹资结构严重失衡；二是个人账户权益不明确，收益水平低，个体缴费不积极（董克用，2019）。强化个人账户私有化，一方面可以培养农村居民个人账户意识，对于经济能力较强的农村居民可以通过缴纳更多的保险费，为老年阶段积累更多资本，逐步实现农村居民的退休生活；对于经济能力不强的农村居民，国家依然按照现有的政策进行补贴。另一方面，强化个人账户私有化，能够填补资金缺口，减轻农村社会保障的财政压力。

第五，积极探索新型农业发展道路。新农保从2009年建立试点到现在，已经基本实现了全覆盖，而且打破二元体制下的养老差异局面，实现了与城镇居民养老保险的合并。由此看来，我国的农村养老保障工作突出。随着我国农村养老保障发展越来越完善，未来将会较大程度地缓解农村老年人的劳动压力，再加上农村年轻人外流，农村的劳动力不可避免地会减少，农村劳动力供给不足，会从下到上促使农业生产方式发生改变。为了应对未来可能会出现的情况，我国应该积极探索新型的农业发展道路，完善农业集约化生产的相关制度，使用先进的农业生产设备替代简单的人工劳动。

第三节 促进农村贫困农户的就业行为

本研究发现，贫困村民在当前高校的扶贫工作中暴露出消极对待行为。基于对上述问题的原因分析，本研究给出部分化解相关问题的对策建议。该校在Y村开展扶贫工作也将近两年，立足当下获得一定工作经验和加深对该村特色情况了解的基础上，需要进一步完善和创新当前的扶贫措施。因此，本研究提出下列几条建议。

第一，加强教育扶贫工作，帮助农民走出贫困文化圈。

H大学作为当地的定点扶贫单位，目前已经结合自身高校的优势，对于提高该村的农村基础教育及部分贫困户的落后思想的消除工作取得了一定的成果，尤其在“大手拉小手”一对一心理辅导教育活动方面成果显著，多位贫困户家庭小学生的学习成绩在接受教育辅导后得到显著提高。但从调研所获得的结果看，依旧存在部分贫困户村民依赖扶贫救助并且懒惰不配合扶贫工作的情况，面对他们拘泥于懒散的生活方式而排斥接触市场、缺乏脱贫积极性的问题，进一步做好“扶智与扶志”工作显得尤为重要。贫困户要转变思想观念，提高其开展脱贫意识，积极参加各项扶贫技能培训，增强自我学习能力，为精准脱贫注入新的活力在未来的扶贫工作中将显得尤为重要。

一方面，扶贫要扶“智”。高校需要投入更多的人员，深入到这几个“老大难”贫困户家中了解其实际情况和想法，并结合当地的特色，提供文化教育、职业教育、农业种植、养殖技能等智力支持，切实开展当地教育反贫困活动，以发挥教育扶贫切断贫困代际传递的作用。此外，针对调研中发现当地村委会存在学校布局不合理、教师资源严重匮乏等问题，加强和完善高校针对Y

村的教育扶贫工作，提升农村的基础智力支持，还需要考虑均衡当地乡村的教学资源。建议选派高校优秀教师下乡给当地教师开展示范课，或者资助当地乡村教师赴海口接受教学培训以提升其教学水准，以及招募高校志愿者定期下乡开展支教活动，丰富乡村的教育资源，并常年定期举办这些活动，逐步提升乡村教育水平，改善当地窘迫的教育资源现状。

另一方面，扶贫还要扶“志”。针对老年贫困农户脱贫积极性较低、缺乏脱贫“志气”的问题，高校可以适当协调教育扶贫资源，着重针对高龄贫困户村民的下一代，把更多的扶贫资源向其倾斜，通过教育从根源上消除其落后的贫困观念和不健康的生活方式，如迷信、饮酒、赌博等。调查也表明，该村贫困村民也十分注重下一代的教育问题，高校更要抓住此重点，对贫困村民的下一代群体有针对性地开展思想、精神上的引导，协助其走出贫困圈子。开展当地的精神扶贫工作，不是一味地否定当地的文化习俗，或者迫使其接受外界的先进文化，而是应当承认文化之间的差异，以理解、尊重和宽容的心态培养多元文化适应的合格村民，帮助其跳出贫困的陷阱，找回积极发展的进取心以对扶贫工作展现积极的态度和行为表现。

第二，建立并完善“农户主体”的扶贫参与机制，破解村落治理困境。

面对Y村存在的乡村治理空心化困境，定点扶贫的核心目标是提高农户的自我发展能力。该目标虽在短期内成效有限，但在长期工作下，扶贫的成效依旧可以预期。作为扶贫工作真正主角的贫困群众，习惯于被动地接受和等待救助。因此，扶贫工作一方面协助提高地方基层干部的治理能力，推荐校内人才下基层帮助实施扶贫工作，提升地方基层扶贫队伍素质，并通过加强基层党建和组织纪律建设提高基层扶贫干部队伍力量。另一方面，高校可以联合地方政府部门更多地同贫困户沟通，协调扶贫部门和村委会给予部分热心贫困户参与扶贫相关活动策划和组织的机会，建立并完善“农户主体”的扶贫参与机制，为贫困村民参与扶贫活动以及相关工作的合议以及决策提供途径。尤其涉及本村推进的产业扶贫项目，项目的实际经营者终究是贫困村民，设立能够让其参与出谋划策以选择和设立扶贫项目的管理机制，让贫困农户意识到自身的主体作用，明确责任和职责所在，助力调动其经营积极性。与此同时，发挥贫困农户的主人翁意识，尝试赋予其扶贫相关的任务和职责，改变其被动接受现状的心态。高校可以通过活动中发掘积极性强并取得一定初步脱贫成效的贫困农户，贴近与其关系的同时，充分利用这类贫困村民自身在本村的资源和号召力宣传该校的扶贫系列活动，进而带动持有消极扶贫态度的贫困农户转变想法，一同参与配合扶贫工作。

积极推广“互联网+”消费扶贫，鼓励当地贫困农户参与其中。建议当地高校充分发挥特色学科和智能化人才的优势，瞄准当地的香粉蕉和百香果产业，依托师生共同研发的惠农服务平台，贫困农户可以在此平台之上接手，并逐步学习掌握互联网的销售模式和操作技巧，实现其主体参与角色。此外，还可将学校的创新创业项目同定点扶贫村对接，凭借“互联网+现代农业”的科技精准扶贫模式，将地方特色的农产品在线上销售。同时，可将高校作为独特且庞大稳定的消费群体，将高校食堂食品的采购供应来源同当地特色产品结合，充分发挥消费扶贫推广快、立竿见影和广受欢迎的优势。

第三，完善当地动态扶贫管理机制，实行脱贫激励措施协助消除福利依赖。

目前 Y 村的扶贫工作中反映出的福利依赖行为依旧存在，最明显体现在部分贫困户消极对待就业推荐和增收与虚报收入不愿脱贫等方面。因此，建议鼓励引导当地贫困就业以增加收入，通过完善制度设计和落实新型的动态扶贫管理机制，通过制度层面的改良来消除该村的福利依赖现象。在建立和完善当地动态扶贫管理机制的基础上，授人以渔，针对和根据不同的年龄阶段的贫困户群体选择开展符合其文化水平与自身健康状况特点的活动和培训，并根据不同贫困户的家庭情况，包括家庭结构、土地拥有面积和养殖、种植技能掌握情况等，设计更为科学合理的脱贫计划方案。在充分考虑各户的贫困需求的基础上，助力贫困户村民成为扶贫工作的主要参与者，创新技能和增收途径，提高自我脱贫能力，实现自主创收，而非单纯依赖救济金和物资。

同时，针对部分不愿脱贫的消极态度和行为，本研究建议以一定的激励措施奖励当地脱贫致富的贫困户典范，在颁发荣誉奖项的同时提供一定的奖金来吸引村民的关注，激励他们努力发展生产，帮助他们摆脱福利依赖，实现脱贫。还可以对新参与就业的贫困户村民进行信息追踪，对于连续参与就业工作的贫困户家庭予以一定的荣誉奖励，或者采取积分制，对积极参与扶贫工作、表现优秀且进步快、观念和行为转变明显的村民计算加分。该分值可以用于争取在村委会内担任兼职的职位，以获得参与管理扶贫相关工作并获得每月补助金的机会。

第四，依托高校智库资源，建立长效扶贫机制落实定点扶贫攻坚。

高校更应该把握好自身优势领域，发挥好本身所具有的高校智囊功能，在尊重当地的文化、保护当地优美原生态的自然环境的理念引导下，在产业扶贫的过程中注重维护当地山清水秀的自然环境，鼓励村民主动向外展示其文化，并从中受益。注重当地的特色以及内涵发展，注重乡村文化价值，充分调动当地居民的积极性和参与性，并充分结合当地国家地质公园等自然风光良好地带设计文化风情旅游区的实施方案，增加农户收入的同时弘扬和传承当地民俗文化。

2019年教育部发布《教育部关于做好新时期直属高校定点扶

贫工作的意见》，提出在我国脱贫攻坚进入的决胜阶段，要抓住定点扶贫工作的重心，切实巩固脱贫攻坚取得的阶段性成果，实现定点扶贫工作从短期向长效、从治标向治本、从“摘帽”向振兴的转变，将定点扶贫工作进行到底。高校参与扶贫攻坚，具有一定程度上的行政命令色彩，学校完成政府主管部门下达的扶贫工作后就会撤离。面对高校定点扶贫中所产生的局限问题，着手建立可持续性的长效扶贫机制可作为一种解决方案。但农村的教育扶贫和产业扶贫是一个见效慢、周期长的过程，贫困农户在这过程中容易失去脱贫信心，临时性的短期扶贫活动难以让他们看到贫困情况彻底转变的希望。因此，建立高校未来持续服务农村、帮助农民发展的长效机制十分必要，实现高校与地方政府、企业等多方主体在贫困治理中的合作常态化，这将是未来高校定点扶贫工作中的重点关注点。因此，建议高校针对其驻村干部建立督查问责制度，形成严格的“周汇总、月通报、季总结、年考核”调度机制，并切实运行，对不作为、慢作为、乱作为及落实不力、效果不佳等行为，逐步推进“一次通报、二次约谈、三次问责”的问责问效机制。

参考文献

1. 白南生，李靖，陈晨. 子女外出务工、转移收入与农村老人农业劳动供给——基于安徽省劳动力输出集中地三个村的研究[J]. 中国农村经济，2007（10）：46-52.
2. 车翼，王元月，马驰骋. 老年劳动者劳动供给行为的 Logistic 经验研究[J]. 数量经济技术经济研究，2007，24（1）：73-82.
3. 程令国，张晔，刘志彪.“新农保”改变了中国农村居民的养老模式吗？[J]. 经济研究，2013，48（8）：42-54.
4. 程杰. 养老保障的劳动供给效应[J]. 经济研究，2014，49（10）：60-73.
5. 陈强. 高级计量经济学及 Stata 应用（第二版）[M]. 北京：高等教育出版社，2014.
6. 陈凌霄. 我国农村扶贫开发政策中的多元执行主体研究[D]. 南京：南京大学，2017.
7. 陈益芳，陈晓曼，谭银清. 连片特困地区农户扶贫参与意愿及其影响因素研究——基于武陵山区贫困农户样本数据[J]. 西北人口，2017，38（3）：38-44.
8. 畅倩，赵敏娟，姜志德. 家庭代际经济转移对农村老年人劳动供给的影响[J]. 南方人口，2019，34（5）：24-35.
9. 崔桂山. SNA（2008）框架下中国非正规就业规模估计方法与实证研究[D]. 杭州：浙江工商大学，2011.
10. 戴卫东. 私营企业参与社会保障医院的分析——一个基于理论层面的研究[J]. 河南社会科学，2007，15（2）：31-35.

11. 邓大松，杨洁. 灵活就业人员社会保险现状与对策[J]. 统计与决策，2007（19）：144-145.
12. 杜守东. 自立养老：不可或缺的养老资源[J]. 齐鲁学刊，2002（6）：24-29.
13. 樊贵莲. 我国现阶段劳动关系与社会保障制度协调问题研究[D]. 太原：山西财经大学，2006.
14. 封进. 人口老龄化、社会保障及对劳动力市场的影响[J]. 中国经济问题，2019（5）：15-33.
15. 高帆. 农业劳动生产率提高的国际经验与中国的选择[J]. 复旦学报：社会科学版，2015，57（1）：116-124.
16. 克利福德·格尔兹. 文化的解释[M]. 纳日碧力戈，等译. 上海：上海人民出版社，1999.
17. 龚璐璐. 中国农村低保福利依赖及防范研究[D]. 南昌：南昌大学，2016.
18. 郭文泽. 中国农村贫困文化研究[D]. 天津：天津师范大学，2016.
19. 郭世英. 基于制度认知视角的我国公职人员财产申报制度研究[D]. 呼和浩特：内蒙古大学，2016.
20. 郭晓娜. 教育阻隔代际贫困传递的价值和机制研究——基于可行能力理论的分析框架[J]. 西南民族大学学报：人文社会科学版，2017，38（3）：6-12.
21. 国际劳工组织. 2014年世界劳工报告——以就业促发展[M]. 北京：中国财经经济出版社，2015.
22. 洪名勇. 制度锚点、制度认知与农地制度实施[J]. 吉首大学学报：社会科学版，2016，37（1）：10-18.
23. 贺雪峰. 老人农业：留守村中的“半耕”模式[J]. 国家治理，2015（30）：43-48.
24. 黄宏伟，展进涛，陈超. “新农保”养老金收入对农村老年人劳动供给的影响[J]. 中国人口科学，2014（2）：106-115.
25. 韩芳，朱启臻. 农村养老与土地支持——关于农村土地养老保障功能弱化的调查与思考[J]. 探索，2008（5）：128-132.
26. 韩克庆，郭瑜.“福利依赖”是否存在？——中国城市低保制度的一个实证研究[J]. 社会学研究，2012，27（2）：149-167.
27. 纪朋涛，彭玉娟，陶佩君.“岗底模式”促进农民行为转变的效果分析[J]. 江苏农业科学，2015，43（5）：458-461.
28. 贾丽萍. 非正规就业群体社会保障问题研究[J]. 人口学刊，2007（1）：41-46.
29. 姜向群，刘妮娜. 我国农村老年人过度劳动参与问题研究[J]. 中州学刊，2013（12）：73-77.
30. 句芳，高明华，张正河. 中原地区农户非农劳动时间影响因素分析　基于河南省 298 个农户的调查[J]. 中国农村经济，2008（3）：57-64.
31. 李江一. 社会保障对城镇老年人劳动参与的影响——以原城镇居民社会养老保险为例[J]. 人口与经济，2018(2)：91-103.
32. 李江一，李涵. 新型农村社会养老保险对老年人劳动参与的影响——来自断点回归的经验证据[J]. 经济学动态，2017（3）：62-73.
33. 李琴，杨松涛，张同龙. 社会保障能够替代土地保障吗——基于新农保对土地租出意愿租金的影响研究[J]. 经济理论与经济管理，2019（7）：61-74.
34. 李琴，郑晶. 中国农村老年人农业劳动时间的地区差异和性别差异分析[J]. 华中农业大学学报：社会科学版，2010（6）：63-69.
35. 李俏，陈健. 农村自我养老的研究进路与类型诠释：一个文献综述[J]. 华中农业大学学报：社会科学版，2017（1）：98-104.

36. 李锋.“获得感”提升视角下民族贫困地区教育扶贫的困境与出路[J]. 民族论坛，2017（3）：100-104.
37. 李佳，田里. 连片特困民族地区旅游扶贫效应差异研究——基于四川藏区调查的实证分析[J]. 云南民族大学学报：哲学社会科学版，2016，33（6）：96-102.
38. 李佳，钟林生，成升魁. 民族贫困地区居民对旅游扶贫效应的感知和参与行为研究——以青海省三江源地区为例[J]. 旅游学刊，2009，24（8）：71-76.
39. 李松梅. 基于居民感知的农村社区服务类社会组织公共服务质量研究[D]. 武汉：湖北工业大学，2016.
40. 李博琳. 个案工作在农村低保孤寡老人需求满足中的运用研究[D]. 桂林：广西师范大学，2016.
41. 刘军伟. 基于理性选择理论的农民工参加新型农村养老保险制度影响因素研究[J]. 浙江社会科学，2011（4）：77-83.
42. 李恩广，李绍坤. 对灵活就业人员医疗保险政策的分析及完善建议[J]. 学术交流，2009（6）：150-156.
43. 刘玉娟. 社会医疗保险对商业医疗保险的挤出效应[J]. 学术交流，2011（12）：99-102.
44. 林白桦. 广东社会保险 30 年纪事[M]. 广州：广东人民出版社，2014.
45. 卢冲，耿宝江，庄天慧，杨浩. 藏区贫困农牧民参与旅游扶贫的意愿及行为研究——基于四川藏区 23 县（市）1320 户的调查[J]. 旅游学刊，2017，32（1）：64-76.
46. 吕红，金喜在. 转型期中国灵活就业及其制度创新问题研究[M]. 长春：吉林人民出版社，2008.
47. 吕学芳. 民族地区扶贫对象依赖心理的主观成因探析[J]. 吉首大学学报：社会科学版，2001，22（2）：55-59.
48. 刘璐婵.“福利依赖”概念的建构逻辑——兼论中国“福利依

赖”概念的选择[J]. 天府新论，2016（1）：101-109.

49. 缑文学. 劳动力外流背景下民族贫困地区扶贫开发研究——基于湖南湘西的调查[J]. 广西大学学报：哲学社会科学版，2013，35（2）：99-105.

50. 卢海阳，钱文荣. 子女外出务工对农村留守老人生活的影响研究[J]. 农业经济问题，2014，35（6）：24-32.

51. 马光荣，周广肃. 新型农村养老保险对家庭储蓄的影响：基于 CFPS 数据的研究[J]. 经济研究，2014，49（11）：116-129.

52. 马海燕. 对灵活就业人群医疗保险问题的思考[J]. 人口与经济，2004（S1）：43-45.

53. 马忠才，郝苏民. 外源式扶贫的局限：对民族地区扶贫实践的反思[J]. 北方民族大学学报：哲学社会科学版，2012（1）：55-59.

54. 毛瑛，陈钢，杜英东，李娇凤，张继华，杨新政. 灵活就业人员基本医疗保险需求的影响因素分析——以西安、宝鸡两市为例[J]. 西北大学学报：哲学社会科学版，2006，36（4）：51-55.

55. 谭娜，周先波. 中国农村老年人“无休止劳动”存在吗？——基于年龄和健康对劳动供给时间影响的研究[J]. 经济评论，2013（2）：19-29.

56. 王翠琴，薛惠元. 新型农村社会养老保险替代率的实证研究[J]. 西北人口，2010，31（5）：6-11.

57. 彭希哲. 中国大城市户籍制度改革研究[M]. 北京：经济科学出版社，2015.

58. 彭希哲，姚宇. 厘清非正规就业概念，推动非正规就业发展[J]. 社会科学，2004（7）：63-72.

59. 乔治·吉尔德. 财富与贫困[M]. 储玉坤，钟淦恩，杨思正，等译.上海：上海译文出版社，1985.

60. 沈晓栋. 中国非正规部门规模估算与宏观效应量化分析[M]. 北京：中国统计出版社，2015.

61. 孙英. 国外社会保障体系的几个特征[J]. 经济研究参考，2003（15）：39-41.

62. 谭磊，余冰. 广州市最低生活保障制度微观运行状态调查——对老城区低保居民的个案访谈及反思[J]. 社会工作下半月（理论），2008（20）：29-32.

63. 唐定. 城市弱势群体现状调查及心理救助研究[D].武汉：武汉理工大学，2004.

64. 《我国灵活就业人员医疗保险政策研究》课题组. 灵活就业人员医保政策解析及现状——我国灵活就业人员医疗保险政策研究之二[J]. 中国社会保障，2012（4）：80-82.

65. 文军. 从生存理性到社会理性选择：当代中国农民外出就业动因的社会学分析[J]. 社会学研究，2001，16（6）：19-30.

66. 王虎峰. 灵活就业人员对医保政策的回应性研究——基于十一个城市的调查分析[J]. 人口研究，2009，（33）3：89-98.

67. 王震. 乡城流动工人医疗保险覆盖率及其影响因素的经验分析——基于大连、上海、武汉、深圳、重庆五城市调查数据[J]. 中国人口科学：2007（5）：60-71.

68. 王铁林. 论认识主体与文化环境的相关效应[J]. 社会科学战线，1991（2）：82-87.

69. 王兆萍. 解读贫困文化的本质特征[J]. 中州学刊，2004（6）：173-176.

70. 王兆萍. 贫困文化结构探论[J]. 求索，2007（2）：50-53.

71. 万国威，唐思思，王子琦. 西部民族地区精准扶贫机制研究：来自甘肃的实证调查[J]. 甘肃行政学院学报，2016（2）：103-114+128.

72. 魏莉莉. “贫困文化”视野下的城市青少年辍学问题——以上

海市个案分析为例[D].上海：华东师范大学，2005.
73. 吴理财. 论贫困文化（上）[J]. 社会，2001（8）：17-20.
74. 熊波，石人炳. 农民工永久性迁移意愿影响因素分析——以理性选择理论为视角[J]. 人口与发展，2009，15（2）：20-26.
75. 解垩."新农保"对农村老年人劳动供给及福利的影响[J]. 财经研究，2015，41（8）：39-49.
76. 徐志刚，宁可，钟甫宁，纪月清. 新农保与农地转出：制度性养老能替代土地养老吗？——基于家庭人口结构和流动性约束的视角[J]. 管理世界，2018，34（5）：86-97.
77. 徐丽敏. 国外福利依赖研究综述[J]. 国外社会科学，2008（6）：78-83.
78. 许小杰. 政府扶贫开发项目管理能力与项目效益研究——实例分析广东省河源市东源县灯塔镇卜围村[D]. 广州：暨南大学，2015.
79. 杨秋宁. 贫困地区女性居民对旅游扶贫效应感知研究——以广西隆林县德峨镇为例[D]. 南宁：广西大学，2016.
80. 叶敬忠，贺聪志. 农村劳动力外出务工对留守老人经济供养的影响研究[J]. 人口研究，2009，33（4）：46-55.
81. 叶宁. 中国灵活就业者参加社会养老保险模式研究[M]. 北京：知识产权出版社，2013.
82. 燕晓飞. 非正规就业劳动者的社会保障问题与对策研究[J]. 湖北社会科学，2009（8）：42-45.
83. 赵培培. 广州市灵活就业人员的养老保险制度研究[D]. 广州：暨南大学，2011.
84. 赵崇平，谭勇. 灵活就业者社会保障建设探究[M]. 北京：光明日报出版社，2014.
85. 赵超. 灵活就业人员社会保险参保现状和参保行为影响因素研究[D]. 杭州：浙江财经大学，2013.

86. 赵晶晶，李放. 养老金收入对农村老年人劳动供给的影响——基于 CHARLS 数据的实证分析[J]. 农业经济问题，2017，38（3）：63–71.
87. 张银，唐斌尧，王辉，董俐君. 农村低保政策实施效果调研报告——以山东省济南市为例[J]. 调研世界，2017（4）：30–34
88. 张文娟. 中国老年人的劳动参与状况及影响因素研究[J]. 人口与经济，2010（1）：85–89.
89. 张川川. 养老金收入与农村老年人口的劳动供给——基于断点回归的分析[J]. 世界经济文汇，2015（6）：76–89.
90. 张永丽，王博. 农村劳动力流动减贫效应的实证研究——基于甘肃省农户的调查[J]. 人口学刊，2017，39（4）：60–70.
91. 张胜荣，聂焱. 欠发达地区农村劳动力外流对老年人经济支持影响的实证研究——以贵州省大方县响水乡以堵村中寨队为例[J]. 清华大学学报：哲学社会科学版，2012，27（4）：46–54.
92. 张召华，王蕾，罗宇溪. 新农保可以替代农村家庭养老吗？——基于子女结构差异的断点回归[J]. 经济经纬，2018，35（4）：23–29.
93. 张颖，胡炳志. 公立医疗保险制度与商业健康保险筹资关系探讨——基于七国的比较研究[J]. 武汉大学学报：哲学社会科学版，2014（1）：39–44.
94. 张国英，吴少龙. 珠三角外来工的社会保险：非正规就业的视角[J]. 中国人口科学，2012（4）：88–94.
95. 张延吉，秦波. 城镇正规就业与非正规就业的收入差异研究[J]. 人口学刊，2015，37（4）： 92-103.
96. 张洁. 城市贫困的双重阐释：结构和文化的视野[D]. 上海：上海大学，2016.

97. 张惠涛. 农村扶贫政策实施绩效研究[D]. 郑州：郑州大学，2011.
98. 张磊. 中国扶贫开发政策演变（1949—2005）[M].北京：中国财政经济出版社，2007.
99. 张艳. 边境乡村贫困家庭子女教育救助效果研究——以广西崇左市L村义务教育学生为例[D].南宁：广西大学，2015.
100. 周怡. 贫困研究：结构解释与文化解释的对垒[J]. 社会学研究，2002，17（3）：49-63.
101. 郑晓冬，杨园争，方向明. 子女外出务工与农村老年人社会活动参与[J]. 西北人口，2019，40（2）：81-93.
102. 郑晓冬，方向明. 社会养老保险与农村老年人主观福利[J]. 财经研究，2018，44（9）：80-94.
103. 郑雄飞. 新时代建立“农民退休”制度的现实基础与战略路径[J]. 山东社会科学，2020（1）：67-73.
104. 朱诗娥，杨汝岱，吴比. 新型农村养老保险对居民消费的影响评估[J]. 学术月刊，2019，51（11）：60-69.
105. 曾湘泉，汪雯. 灵活就业的理论、实践及发展思路[J]. 中国社会保障，2003（6）：18-19.
106. 曾煜. 灵活就业群体参保难的原因与对策[J]. 人权，2008（5）：56-59.
107. 臧文斌，赵绍阳，刘国恩. 城镇基本医疗保险中逆向选择的检验[J]. 经济学（季刊），2012，12（1）：47-56.
108. 赵雁，卢平. 2000年诺贝尔奖得主经济学贡献述评[J]. 当代经济研究，2001（3）：57-60.
109. 中国劳动和社会保障部劳动科学研究所课题组. 中国灵活就业基本问题研究[J]. 经济研究参考：2005（45）：2-16.
110. 党俊武.老龄蓝皮书：中国城乡老年人生活状况调查报告（2018）[M]. 北京：社会科学文献出版社，2018.

111. Alfonso R, SnchezMand Virginia S M. Demographic Change and Pension Reform in Spain: An Assessment in a Two-Earner, OLG Model. Fiscal Studies, 2009, Vol.31, (3), pp: 405-452.
112. Ake B & Backman O. Stuck with Welfare? Long-term Social Assistance Recipiency in Sweden. European Sociological Review, 2004, Vol.20, pp: 425-443.
113. Ayala L & Rodríguez M. What determines exit from social assistance in Spain? International Journal of Social Welfare, 2007, Vol.16, pp: 168-182.
114. Agwu A E & Abah H O. Attitude of Farmers towards Cost-Sharing in the Second National Fadama Development Project (NFDP-Ⅱ): The Case of Kogi State of Nigeria. Journal of Agricultural Extension, 2009, Vol.13, pp: 119-125.
115. Benjamin D L, Brandtan D J & Fan Z. Ceaseless Toil? Health and Labor Supply of the Elderly in Rural China. Working Papers, William Davidson Institute at the University of Michigan, 2003, No.579.
116. Barnighasen T, Yuanli L, Xinping Z, Sauerborn R. Willness to pay for Social Health Insurance among Informal Sector Workers in Wuhan, China: A Contingent Valuation Study. BMC Health Service Research, 2007, Vol. 7, pp: 1-16.
117. Banfield E C. The Moral Basis of a Backward Society. The Moral Basis of a Backward Society. Free Press, 1958.
118. Blau D M and Goodstein R M. Can Social Security Explain Trends in Labor Force Participation of Older Men in the United States? Journal of Human Resources, 2010, Vol.45, (2), pp: 328-363.
119. Börsch-Supan A. Incentive Effects of Social Security on Labor

Force participation: Evidence in Germany and across Europe. Journal of Public Economics, 2000, Vol.78, (1), pp: 25-49.

120. Boris E. On Cowboys and Welfare Queens: Independence, Dependence, and Interdependence at Home and Abroad. Journal of American Studies, 2007, Vol.41, pp: 599-621.

121. Boskin M J. Social Security and Retirement Decisions. Economic Inquiry, 2010, Vol.15, pp.1-25.

122. Burtless G. Social Security, Unanticipated Benefit Increases, and the Timing of Retirement. The Review of Economic Studies, 1986, Vol.53, (5), pp.781-805.

123. Christopeit N & Wooldridge J M. Econometric Analysis of Cross Section and Panel Data. Journal of Economics, 2003, Vol. 80, pp: 206-209.

124. David M & Lucy A. The Demand for （Micro）Health Insurance in the Informal Sector. The Geneva Papers, 2014, Vol. 1, pp: 1-27.

125. Engelhardt G, Grube V J and Perry C D. Social Security and Elderly Living Arrangements: Evidence from the Social Security Notch. The Journal of Human Resources, 2005, Vol. 40, pp: 354-372.

126. Engelhardt G V. Social Security and Elderly Homeownership. Journal of Urban Economics, 2008, Vol. 63, pp: 0-305.

127. Ferreira P C & Dos Santos M R. The Effect of Social Security, Health, Demography and Technology on Retirement. Review of Economic Dynamics, 2013, Vol. 16, pp: 350-370.

128. Feldstein M. Social Security, Induced Retirement, and Aggregate Capital Accumulation. Journal of Political Economy, 1974, Vol. 82, pp: 905-926.

129. Filho I. Old-age Benefits and Retirement Decisions of Rural Elderly in Brazil. Journal of Development Economics, 2008, Vol. 86, pp: 0-146.
130. Gustman A L & Steinmeier T L. Imperfect Knowledge of Social Security and Pensions. Industrial Relations A Journal of Economy & Society, 2010, Vol.7, pp: 373-397.
131. Gumber A & Veena K. Health Insurance for Informal Sector: Case Study of Gujart. Economic and Political Weekly, 2000, Vol. 3, pp: 15-38.
132. HarringtonM. The Other America. Penguin Books, 1962.
133. Henman P & Perry J. Welfare Dependency? A Critical Analysis of Changes in Welfare Recipient Numbers, 2002, Vol. 37, (3).
134. Heckman J J. What Has Been Learned about Labor Supply in the Past Twenty Years? American Economic Review, 1993, Vol. 83, pp: 116-121.
135. Herne E et al. Pension Reform and Labor Supply. Journal of Public Economics, 2016, Vol.142, pp.39-55.
136. Hurd M D & Boskin M J. The Effect of Social Security on Retirement in the Early 1970s. Michael Hurd, 1984, Vol. 99, (4), pp: 767-790.
137. Jahangir A & Sayem A. Impact of Educatinal Intervention on Willingness to Pay for Health Insurance: A Study of Informal Sector Workers in Urban Bangladesh. Khan and Ahmed Health Economics Review, 2013, Vol.3, pp: 243-267.
138. Kwadwo W, Osei-Akoto I & Appan N. Willingness to Pay for Health Insurance in a Developing Economy. Health Policy, 1997, Vol. 42, pp: 223-237.
139. Kannan K P & Papola T S. Workers in the Informal Sector:

Initiatives by India's National Commission for Enterprise in the Unorganized Sector. International Labour Review, 2007, Vol. 146, (3/4), pp:321-329.

140. Klauw W D & Wolpin K I. Social Security and the Retirement and Savings Behaviour of Low-income Households. Journal of Econometrics, 2008, Vol.145, pp: 21-42.

141. Krueger A B & Pischke J. The Effect of Social Security on Labor Supply: A Cohort Analysis of the Notch Generation. Journal of Labor Economics, 1992, Vol.10, pp: 412-437.

142. Kudrna G Woodland. Implications of the 2009 Age Pension Reform in Australia: A Dynamic General Equilibrium Analysis. Economic Record, 2011, Vol 87, pp: 183-201.

143. Kimenyi M S. Rational Choice, Culture of Poverty, and the Intergenerational Transmission of Welfare Dependency. Southern Economic Journal, 1991, Vol.57, pp: 947-965.

144. Koyenikan M J & Ikharea V E. Participation of Women in the Third National Fadama Development Programme in Edo State, Nigeria. Journal of Agricultural Extension, 2014, Vol.18, pp: 133-145.

145. Liebman J B, Luttmer E F P and Seif D G. Labor Supply Responses to Marginal Social Security Benefits: Evidence from Discontinuities. Journal of Public Economics, 2009, Vol. 93, (11-12), pp: 1208-1223.

146. Lewis O. The Culture of Poverty. Transaction, 1963, Vol.42, pp: 17-19.

147. León Y M. The Impact of Tourism on Rural Livelihoods in the Dominican Republic's Coastal Areas. Journal of Development Studies, 2007, Vol.43, (2), pp: 340-359.

148. Murray C. Losing Ground: American Social Policy 1950-1980. Basic Books, 2012.

149. Moffitt R & Wolfe L Barbara. Medicaid, Welfare Dependency, and Work: Is There a Causal Link? Health Care Financing Review, 1993, Vol.15, (1).

150. Neumark D & Stock W A. Age Discrimination Laws and Labor Market Efficiency. Working Papers 107. 5, 1997, 1081-1110.

151. Orszag G P. Does the Social Security Earnings Test Affect Labor Supply and Benefits Receipt? National Tax Journal, 2003, Vol.56, (4), pp: 755-773.

152. Oshio T, Oishi A S and Shimizutani S. Social Security Reforms and Force Participation of the Elderly in Japan. Japanese Economic Review, 2011, Vol.62, (2), pp: 248-271.

153. Paul H L. Black Conservative Wages War on Welfare Dependency. Human Events, 1994, Vol.50, (17).

154. Posel D, Fairburn J A and Lund F. Labour Migration and Households: A Reconsideration of the Effects of the Social Pension on Labour Supply in South Africa. Economic Modelling. 2006, Vol. 23.5, pp: 843-853.

155. Paul B. The ILO and the Informal Sector an Institutional History. International Labor Organization, 2000, (9), pp: 1-20.

156. Peter L. Determinants of Health Insurance Participation among Informal Sector Workers in Rural Tanzania. Sokoine University of Agricultural, 2013.

157. Philip N. Culture and Poverty: a Case Study of a Girl with Special Educational Needs from a Poor Community in South India. Support for Learning, 2015, Vol.30, (3), pp.205-222.

158. Perera M. "Why not? But I can't"—Influence of a Culture of

Poverty on Learning A case study. Sabaragamuwa University Journal, 2014.

159. Rashid A, James B & Sukti D. World Employment Report 1998-1999: Employability in the Global Economy and How Training Maters. Emerald Group Publishing Limited, 1999.

160. Ruhm C J. Do Pensions Increase the Labor Supply of Older Men? Working Papers, 1996.

161. Rashid A, James B & Sukti D. World Employment Report 1998-1999: Employability in the Global Economy and How Training Maters. Emerald Group Publishing Limited, 1999.

162. Rank M R & Hirschl T A. The Link between Population Density and Welfare Participation. Demography, 1993, Vol.30, (4), pp. 607-622.

163. Samwick A. New Evidence on Pensions, Social Security, and the Timing of Retirement. Social Science Electronic Publishing, 1998, Vol.70, (2), pp: 207-236.

164. Snyder S E & Evans W N. The Impact of Income on Mortality: Evidence from the Social Security Notch. Review of Economics & Statistics, 2006, Vol.88, (3), pp: 482-495.

165. Stevens A H & Chan S. What You Don't Know Can't Help You: Pension Knowledge and Retirement Decision Making. Review of Economics & Statistics, 2008, Vol. 90.2, pp: 253-266.

166. Sodani P R. Potential of the Health Insurance Market for the Informal Sector: A Pilot Study. Journal of Health Management, 2001, Vol.2.pp: 23-37.

167. Schmidt L, Weisner C & Wiley J. Substance Abuse and the Course of Welfare Dependency. American Journal of Public Health, 1998, Vol.88, (11).

168. The Fifteenth International Conference of Labor Statisticians. Resolution Concerning Statics of Employment in the Informal Sector. ILO Resolution, 1993, (1), pp. 27-51.
169. Thistlethwaite D L & Campbell D T. Regression-discontinuity Analysis: An Alternative to the Postfactory experiment. Journal of Educational Psychology, 1960, Vol.51, (6), pp.309-317.
170. Varekamp I, Knijn T & Bos P et al. Psychosocial Factors Predicting Job Search Behavior of Long-term Welfare Recipients in the Netherlands. European Journal of Social Security, 2014, Vol.16, pp.347-370.
171. Vere J P. Social Security and Elderly Labor Supply: Evidence from the Health and Retirement Study. Labour Economics, 2011, Vol.18.5, pp.670-686.
172. Weiner B, Osborne D & Rudolph U. An Attributional Analysis of Reactions to Poverty: the Political Ideology of the Giver and the Perceived Morality of the Receiver. Personality & Social Psychology Review, 2011, Vol.15, pp.199.
173. Wilson W J. When Work Disappears. Political Science Quarterly, 1996, Vol. 111, pp.567-595.